감으로 하는 브랜딩은 끝났다

AI 퍼스널 브랜딩 2.0 혁명

7D 프로세스로 자동 성장하는 나만의 브랜드 시스템 만들기

【목차】

감으로 하는 브랜딩은 끝났다

AI 퍼스널 브랜딩 2.0 혁명

7D 프로세스로 자동 성장하는 나만의 브랜드 시스템 만들기

조 연 심

프롤로그

당신의 브랜드는 지금 어떤 이야기를 들려주고 있는가?
2025년 3월의 어느 아침, 마케팅 강사 김지현 씨는 여느 때처럼 노트북을 펼쳤다. 하지만 이날은 달랐다. 그녀의 인박스에는 수백 개의 강의 문의가 도착해 있었다. 전날 밤 올린 AI 기반 퍼스널 브랜딩 영상이 바이럴을 타고 있었기 때문이었다.

"도대체 어떻게 이런 일이…?"

사실 지현 씨는 3개월 전만 해도 하루 대부분의 시간을 콘텐츠 제작에 쏟아부었다. 강의 준비, 블로그 포스팅, SNS 관리까지… 혼자서 모든 것을 해내려니 늘 시간이 부족했다.

하지만 지금은?
AI 퍼스널 브랜딩 시스템이 그녀의 브랜드를 24시간 관리해 주고 있다. 어떻게 이런 변화가 가능했을까?
그런데 문제가 있다.

대부분의 전문가와 창업가들은 여전히 '감'에 의존한 브랜딩을 하고 있다. 끝없는 콘텐츠 제작의 굴레에 갇혀, 실질적인 성과는 얻지 못하는 경우가 대부분이다.

만약 당신이:

- 매일 밤늦게까지 콘텐츠를 만들고 있다면
- 더 많은 잠재 고객에게 도달하고 싶은데 방법을 모른다면
- 경쟁이 치열해지는 시장에서 차별점을 찾기 위해 고심 중이라면

이제 그 고민을 내려놓아도 좋다.

새로운 시대의 브랜딩 혁명

디지털 시대의 브랜딩은 더 이상 선택이 아닌 필수다. 그리고 AI는 이 게임의 규칙을 완전히 바꾸고 있다.

- 과거: 수동적, 직관적, 제한적 브랜딩
- 현재: 데이터 기반, 자동화, 글로벌 브랜딩

AI는 당신의 브랜드를 24시간 성장시키는 마법 같은 동반자가 되어줄 것이다. 지금 이 순간에도,

- 누군가는 당신을 검색하고 있다.
- 당신의 디지털 흔적이 첫인상을 만들고 있다.
- AI가 당신의 브랜드를 새로운 차원으로 끌어올릴 준비를 하고 있다.

당신의 디지털 운명을 바꿀 7초

지금 이 순간에도 누군가는 당신을 검색하고 있다. 구글에 당신의 이름을 입력하는 그 순간, 당신의 브랜드가 말을 시작한다. 그런데 질문 하나 드려도 될까?

디지털 시대의 냉혹한 진실

"당신이 온라인에서 검색되지 않는다면,
존재하지 않는 것과 같습니다!"
—에릭 슈미트(前 구글 CEO)

이 말은 현대 디지털 시대에서 더욱 절실한 진리가 되었다. 충격적인 통계를 보라!

- 구매 결정의 78%가 온라인 검색에서 시작된다.
- 소비자의 92%가 온라인 리뷰를 신뢰한다.
- 브랜드 첫인상의 94%가 디지털에서 결정된다.

오프라인에서는 7초 만에 첫인상이 결정된다지만, 디지털 세상에서는 검색 결과 첫 페이지가 당신의 전부다.

디지털 첫인상의 마법

오프라인에서 우리는 말투, 표정, 몸짓으로 첫인상을 만들었다. 하지만 이제는 다르다. 당신의 디지털 흔적이 더 강력한 첫인상을 만들어내고 있다.

"사람들은 당신을 만나기 전에 이미 당신을 알고 있다.
구글이 들려준 당신의 이야기를 통해서."

브랜드 신뢰의 새로운 공식

브랜드는 단순한 로고나 제품이 아니다. 그것은 당신의 전문성에 대한 신뢰, 당신의 가치에 대한 확신, 당신과 함께하고 싶다는 열망의 총합이다.

"진정한 브랜딩은 단순한 보여주기가 아닌,
깊은 신뢰를 쌓아가는 여정이다."

오늘 당신의 이름을 검색한 누군가가, 내일은 당신의 가장 큰 팬이 될 수 있다. 그들에게 보여줄 당신만의 특별한 이야기를 준비하는 것, 그것이 바로 신뢰를 위한 첫걸음이다.

"당신이 곧 브랜드입니다. 말하지 않으면, 세상은 모릅니다.
보여주지 않으면, 사람들은 기억하지 않습니다."

브랜딩은 마법이 아니다. 그것은 꾸준한 신뢰 구축의 여정이며, 이제 그 여정은 디지털에서 시작된다.

7D 프로세스: AI 퍼스널 브랜딩 2.0의 핵심 엔진

이 책에서 소개할 7D 프로세스는 단순한 브랜딩 단계가 아닌, AI와 데이터를 활용한 과학적 브랜드 구축 시스템이다. 수년간의 연구와 수백 개의 실제 사례를 통해 검증된 이 방법론은 브랜딩을 '감'이 아닌 '시스템'으로 전환시킨다.

감이 아닌 데이터, 경험이 아닌 시스템

왜 7D 프로세스인가? 각 단계가 AI와 만나 어떤 마법을 일으키는지 살펴보겠다:

- Discover Myself (발견): AI를 통한 자기 분석으로 숨겨진 강점을 객관적으로 발견한다.
- Define & Design (정의와 설계): 생성 AI로 브랜드 아이덴티티

를 명확히 정의하고 시각화한다.

- Digitalize (디지털화): 브랜드 자산을 AI로 최적화된 디지털 콘텐츠로 변환한다.
- Develop (개발): 데이터 분석을 통해 브랜드 자산을 지속적으로 발전시킨다.
- Differentiate (차별화): AI가 도출한 인사이트로 경쟁에서 돋보이는 포지셔닝을 확립한다.
- Diversify (다각화): 자동화된 시스템으로 다양한 채널과 수익원을 확장한다.
- Dynamize (활성화): 지속 가능한 성장 사이클을 구축해 브랜드의 장기적 성장을 보장한다.

각 단계는 독립적이면서도 유기적으로 연결되어, 퍼스널 브랜드의 발견부터 지속 가능한 성장까지 완벽한 사이클을 형성한다.

기존 브랜딩과 7D 프로세스의 충격적인 차이

기존 퍼스널 브랜딩 1.0	7D 기반 AI 퍼스널 브랜딩 2.0
감과 직관에 의존	데이터와 AI 분석 기반
수작업으로 콘텐츠 제작	AI 자동화로 콘텐츠 확장
경험적 의사결정	증거 기반 전략 수립
단발적 브랜딩 활동	체계적 브랜드 시스템 구축
단순 이미지 관리	가치와 신뢰 기반 브랜드 구축
노력 대비 제한된 성과	효율적 자원 활용과 확장성

7D 프로세스의 놀라운 변화: 4가지 가상 사례

【사례 1】 마케팅 강사 김지현의 변신

김지현은 매일 8시간 이상을 콘텐츠 제작에 쏟아붓던 마케팅 강사였다. 그러나 7D 프로세스를 적용한 후:

- Discover 단계: ChatGPT를 활용한 심층 분석으로 '데이터 스토리텔링'이라는 그녀만의 독특한 강점을 발견했다.
- Define & Design 단계: DALL-E로 차별화된 비주얼 아이덴티티를 구축하고, AI가 제안한 브랜드 메시지로 '데이터로 말하는 마케팅 멘토'라는 포지셔닝을 확립했다.
- Digitalize 단계: ChatGPT로 생성한 최적화된 콘텐츠로 웹사이트 방문자가 3개월 만에 300% 증가했다.
- Develop 단계: Google Analytics 데이터 분석을 통해 반응이 좋은 콘텐츠 유형을 파악하고, AI 추천 시스템으로 콘텐츠 전략을 재조정했다.
- Differentiate 단계: 경쟁자들이 감성에 호소할 때, 그녀는 데이터에 기반한 스토리텔링으로 차별화에 성공했다.
- Diversify 단계: 온라인 강의, 멤버십, 컨설팅으로 수익원을 다각화했고, 매출이 8개월 만에 450% 증가했다.
- Dynamize 단계: Trello와 ChatGPT를 활용한 피드백 시스템을 구축해 지속적인 브랜드 진화가 가능해졌다.
- 결과: 하루 작업시간은 8시간에서 2시간으로 줄었지만, 수익은 5배 증가했다.

"이전에는 매일이 전쟁 같았어요. 하지만 이제 AI가 저의 브랜드 파트너가 되어 24시간 일하고 있습니다. 제가 잠든 사이에도 제 브랜드는 성장하고 있죠." —김지현

【사례 2】 건축가 박준호의 글로벌 도약

국내에서만 활동하던 건축가 박준호는 해외 프로젝트를 수주하고 싶었지만, 글로벌 브랜딩에 어려움을 겪고 있었다.

- 7D 프로세스 적용 후: 그의 독특한 "한국 전통과 미니멀리즘의 융합" 스타일을 AI가 발굴하고, 다국어 포트폴리오와 AI 최적화된 콘텐츠로 6개월 만에 첫 해외 프로젝트를 수주했다.
- 결과: 1년 내 4개국 프로젝트 진행, 브랜드 가치 300% 상승

【사례 3】 1인 기업가 이수진의 틈새 공략

법률 상담 서비스를 제공하는 이수진은 대형 로펌과 경쟁하기 위해 고군분투했다.

- 7D 프로세스 적용 후: AI가 추천한 "일상 법률 멘토"라는 틈새시장에 집중하고, ChatGPT로 법률 상식 콘텐츠를 대량 생산했다.
- 결과: 틱톡과 인스타그램에서 '변호사 수진'이라는 브랜드로 10만 팔로워 확보, 월 상담 건수 10배 증가

【사례 4】 퇴직 후 새출발한 김영철 씨의 인생 2막

40년 엔지니어로 일하다 은퇴한 김영철 씨는 새로운 시작이 필요했다.

- 7D 프로세스 적용 후: 평생 쌓아온 엔지니어링 노하우를 AI가 체계화하여 '제조업 문제해결사'라는 브랜드를 구축했다.
- 결과: 유튜브 채널 구독자 5만 명, 15개 기업 자문 계약 체결, 은퇴 전보다 더 높은 소득 창출

7D 프로세스가 약속하는 세 가지 변화

- 효율성: AI의 힘으로 브랜딩 작업의 80%를 자동화하여 창의적 활동에 집중할 수 있다. 대부분의 적용자들이 하루 작업시간을 평균 6시간에서 1.5시간으로 줄였다.
- 체계성: 감이 아닌 데이터에 기반한 의사결정으로 브랜드 구축의 불확실성을 제거할 수 있다. 7D 프로세스를 따른 브랜드의 평균

성장률은 일반적인 브랜딩 방식보다 4.2배 높았다.

- 확장성: 자동화된 성장 시스템으로 잠든 사이에도 브랜드 가치가 상승한다. 7D 시스템을 구축한 브랜드의 91%가 12개월 내에 수익원을 두 배 이상 다각화했다.

당신이 지금 7D 프로세스를 시작해야 하는 이유

- AI 기술은 기다려주지 않는다: ChatGPT, DALL-E, Midjourney와 같은 AI 도구들은 매일 진화하고 있다. 지금 시작하는 사람들이 경쟁에서 앞서갈 것이다.
- 브랜드 구축의 골든타임: 디지털 레드오션에서 블루오션을 찾을 수 있는 시간은 점점 줄어들고 있다. 내일 시작하면 오늘보다 더 많은 노력이 필요할 것이다.
- 입증된 시스템: 7D 프로세스는 학술적 입증 외에도 현장에서 이미 수십 명의 전문가, 창업가, 프리랜서가 검증한 방법론이다. 당신은 이미 성공한 길을 따라가면 된다.

다음 페이지를 넘기면 만날 놀라운 세계

"처음에는 반신반의했어요. 그저 또 하나의 브랜딩 방법론이겠거니 했죠. 하지만 7D 프로세스는 제 브랜드를 근본적으로 바꿔놓았습니다. 이렇게 될 줄 알았다면, 진작 시작할 걸 그랬어요." —김지현

이 책은 여러분을 AI 퍼스널 브랜딩의 새로운 세계로 안내할 것이다. 7D 프로세스의 각 단계를 통해, 여러분은:

- 강점을 AI로 발견하고
- 명확한 브랜드 아이덴티티를 설계하며

- 디지털 존재감을 극대화하고
- 데이터 기반으로 브랜드를 발전시키며
- 경쟁에서 돋보이는 차별점을 찾고
- 다양한 수익원으로 확장하며
- 지속 가능한 성장 엔진을 갖추게 될 것이다.

ChatGPT, Midjourney, Claude와 같은 AI 도구들이 여러분의 24시간을 더욱 가치 있게 만들어줄 것이다. 이 책에서 소개할 7D 프로세스를 통해, 여러분은:

- 하루 1~2시간 만으로도 풍부한 콘텐츠를 만들 수 있다.
- AI가 최적화한 전략으로 잠재 고객을 자동으로 발굴한다.
- 데이터에 기반한 의사결정으로 브랜드 가치를 높여갈 수 있다.

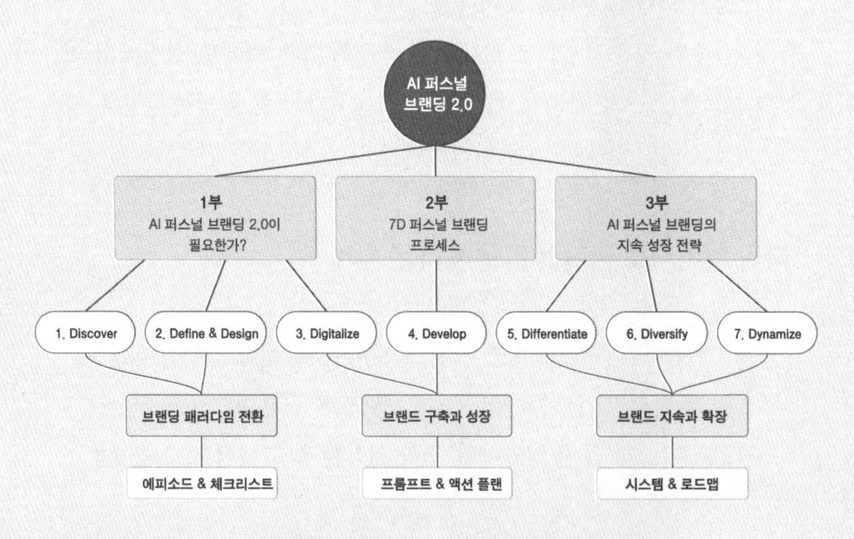

AI 퍼스널 브랜딩 2.0 혁명-책 구조도

이제 출발할 준비가 되었는가?

'세스 고딘(Seth Godin)'은 세계 최고의 마케팅 구루이자 '의미의 시대', '보랏빛 소가 온다', '마케팅이다', '린치핀' 등 수많은 베스트셀러를 써낸 작가다. 그는 AI의 발전이 전기 발명 이후 가장 큰 혁신이 될 것이며, AI 도구에 하루 30분 이상은 투자해야 한다고 강조했다. 잠시 상상해 보라. 잠든 사이에도 당신의 브랜드가 성장하고, AI가 당신의 전문성을 전 세계에 알리는 모습을. 이제 이것은 더 이상 상상이 아닌 이미 다가온 현실이다.

"퍼스널 브랜딩의 미래는 이미 시작되었습니다.
이제 질문은 단 하나입니다.
당신은 이 혁명의 주인공이 되시겠습니까,
아니면 구경꾼으로 남으시겠습니까?"

다음 페이지를 넘기는 순간, 여러분의 브랜드는 AI의 날개를 달고 새로운 고도로 상승하기 시작할 것이다. 자, 이제 함께 퍼스널 브랜딩 2.0의 세계로 떠나보자.

"가장 좋은 시작의 때는 바로 지금이다."

1부

왜 AI 퍼스널 브랜딩 2.0이 필요한가?

세스 고딘의 렌즈로 바라보는 브랜딩 혁명

변화는 점진적으로 일어나다가 갑자기 모든 것을 뒤바꾼다. AI와 퍼스널 브랜딩의 만남이 바로 그 변곡점에 있다.

1부를 세스 고딘의 스타일로 구성한 이유는 명확하다. 세스 고딘은 마케팅과 브랜딩의 패러다임 전환기마다 우리에게 불편한 진실을 가장 직관적이고 명쾌하게 전달해왔다. 그가 말했듯이, "마케팅의 미래는 이미 여기 있습니다. 단지 균등하게 분배되지 않았을 뿐이죠. 변화는 두렵지만, 변화하지 않는 것은 더 두렵습니다."

세스 고딘의 접근 방식이 이 책의 1부에 특히 적합한 이유는 무엇일까?

짧지만 강렬한 메시지

세스 고딘은 복잡한 개념을 한 문장으로 압축하는 재능이 있다. AI 퍼스널 브랜딩이라는 생소한 개념을 소개하는 1부에서는 장황한 설명보다 명료한 메시지가 필요하다.

"퍼스널 브랜딩은 이제 감이 아닌 데이터의 영역입니다."
"오래된 지도로는 새로운 땅을 탐험할 수 없습니다."

도전적인 질문과 주장

세스 고딘은 우리의 안전지대를 흔들고 사고방식의 전환을 촉구한다. 1장의 "5년 전에는 성공했지만 지금은 통하지 않는 브랜딩 전략"이나 2장의 "유튜브 구독자 10만, 하지만 수익은 제자리?"와 같은 에피소드는 우리가 가진 고정관념에 의문을 제기한다.

행동을 촉구하는 실용성

“아는 것은 충분하지 않습니다. 적용해야 합니다. 원하는 것은 충분하지 않습니다. 행동해야 합니다.”

세스 고딘은 항상 지식을 행동으로 옮기는 것의 중요성을 강조한다. 1부의 각 장에서 제공하는 프롬프트와 체크리스트는 단순한 정보 전달을 넘어 즉각적인 행동을 유도한다.

미래를 예측하는 통찰력

세스 고딘은 마케팅과 브랜딩의 미래를 가장 먼저 내다보는 선구자다. AI가 퍼스널 브랜딩의 판도를 어떻게 바꾸고 있는지, 그리고 이 변화에 어떻게 대응해야 하는지 이해하기 위해 그의 통찰력은 필수적이다. 이 책의 1부에서는 당신이 알고 있던 퍼스널 브랜딩의 지도가 더 이상 유효하지 않음을 깨닫게 될 것이다. 그리고 AI라는 새로운 나침반을 어떻게 활용해야 하는지 명확하게 이해하게 될 것이다.

사고방식의 전환: 1부가 당신에게 줄 변화

1부를 읽고 나면, 당신은 이전과는 다른 관점으로 퍼스널 브랜딩을 바라보게 될 것이다:

- 과거: “내 콘텐츠가 좋으면 사람들이 알아줄 거야”
- 이제: “데이터를 분석하고 AI의 도움을 받아 전략적으로 브랜드를 구축해야 한다”

- 과거: “감과 경험에 의존한 브랜딩”
- 이제: “데이터와 AI를 활용한 과학적 브랜딩”

- 과거: "더 많은 팔로워가 성공이다."
- 이제: "의미 있는 연결과 실질적 성과가 진정한 성공이다."

산업혁명이 끝나고 연결 혁명이 시작된 이때, 세스 고딘이 말했듯, "변화의 속도는 점점 빨라지고 있다. 적응하는 사람들만이 번창할 것이다. 변화는 불편함을 동반하지만, 성장은 불편한 공간에서 시작된다."

이제 AI 퍼스널 브랜딩 2.0 시대가 시작되었다. 변화를 받아들이고 새로운 도구를 활용할 준비가 되었다면, 1부를 통해 그 첫걸음을 내딛게 될 것이다. 1부를 통해 마음가짐을 전환하고, 2부에서 구체적인 실행 방법을, 3부에서는 장기적인 전략을 배우게 될 것이다. 여행은 이미 시작되었다.

제1장

AI가 바꾸는 퍼스널 브랜딩의 미래

에피소드 1:

5년 전에는 성공했지만 지금은 통하지 않는 브랜딩 전략

당신은 어제의 성공 방식으로 내일을 준비하고 있진 않은가?

"유튜브에 내 콘텐츠를 올린 지 벌써 5년이 넘었어요. 처음엔 그저 취미로 시작했던 일이었는데, 어느새 구독자가 10만 명이 넘더라고요."

김민준 씨는 마케팅 관련 유튜브 채널을 운영하는 크리에이터다. 그는 2018년부터 꾸준히 주 3회 콘텐츠를 올리며 자신만의 브랜드를 구축해 왔다. 하지만 최근 몇 개월 동안 그의 얼굴에는 근심이 가득했다.

"예전에는 정말 잘 나갔어요. 내가 올리는 콘텐츠마다 조회수가 늘고, 구독자도 자연스럽게 증가했죠. 하지만 지금은… 어떤 콘텐츠를 올려도 반응이 예전만 못해요. 더 많은 시간을 투자하는데도 성과는 오히려 줄어들고 있어요."

민준 씨의 고민은 여기서 끝나지 않았다. 요즘 그의 콘텐츠를 보면 '이런 내용은 ChatGPT가 1분 만에 만들어준다'라는 댓글이 종종 달린다. 더 충격적인 건, 실제로 민준 씨의 경쟁자들이 AI를 활용해 더 빠르고 정확한 콘텐츠를 생산하고 있다는 사실이었다.

“한 달 전, 제 채널보다 구독자가 훨씬 적은 새로운 채널을 발견했어요. 그런데 그 채널의 콘텐츠 퀄리티가 정말 놀라웠어요. 나중에 알고 보니 그 크리에이터는 AI를 활용해 리서치부터 스크립트 작성, 심지어 썸네일 디자인까지 최적화하고 있더라고요. 같은 주제로 영상을 만들었는데, 제가 3일 걸린 작업을 그 크리에이터는 하루 만에 끝냈더군요.”

민준 씨는 마침내 깨달았다. 그가 5년 동안 쌓아온 경험과 노하우도 중요하지만, 이제는 AI라는 새로운 도구를 활용하지 않으면 경쟁에서 뒤처질 수밖에 없다는 것을.

“이제는 단순히 열심히 하는 것만으로는 부족해요. 더 스마트하게 일하고, AI를 내 파트너로 삼아야 할 때가 왔습니다. 저는 늦었지만, 지금이라도 AI 퍼스널 브랜딩을 시작하려고 해요. 여러분은 저처럼 뒤처지지 마세요. 지금 바로 시작하세요.”

“적응하지 못하는 자는 도태된다.
이것은 우연이 아니라 필연이다.”

—찰스 다윈

퍼스널 브랜딩 1.0의 한계

당신은 언제까지 낡은 지도로 새로운 땅을 탐험할 것인가? 퍼스널 브랜딩 1.0은 디지털 세상이 지금처럼 복잡하지 않던 시절에 만들어진 지도다. 그때는 그 지도만으로 충분했다. 하지만 이제는 다르다.

직관은 데이터를 이길 수 없다.

우리는 오랫동안 '감'이라는 것을 믿어왔다.

"이 주제가 사람들에게 인기 있을 것 같아!"

이런 직관이 때로는 맞았고, 때로는 틀렸다. 그러나 이제 여러분의 경쟁자들은 더 이상 감에 의존하지 않는다. 그들은 데이터를 가지고 있다.

3일 vs 3시간

여러분이 3일 동안 작업하는 동안, 누군가는 3시간 만에 그 작업을 완료하고 있다. 그런데 놀라운 사실은 그 '누군가'의 결과물이 종종 더 뛰어나다는 것이다. 이것이 단지 기술의 차일까? 아니다. 이것은 도구의 차이다.

모두를 위한 콘텐츠는 결국 아무도 위한 콘텐츠가 아니다.

"모든 사람에게 다 좋은 콘텐츠"를 만들려는 시도는 실패할 수밖에 없다. 퍼스널 브랜딩 1.0에서는 타깃을 명확히 하는 것이 어려웠다. 하지만 이제 AI는 당신의 콘텐츠에 정말로 반응하는 사람들이 누구인지 정확하게 알려준다.

지난 10년간 퍼스널 브랜딩은 크게 세 단계로 진화해 왔다.

2010년 이전	2010-2020	2021년 이후
퍼스널 브랜딩 0.5 오프라인 중심	**퍼스널 브랜딩 1.0** 소셜 미디어 시대	**퍼스널 브랜딩 2.0** AI 기반 자동화 브랜딩
• 명함과 브로슈어 • 지역 네트워킹 • 업소명단 추천 • 대면 신뢰 구축 • 전화를 통한 마케팅	• 소셜 미디어 프로필 • 블로그, 유튜브 채널 • 이메일 마케팅 • 콘텐츠 마케팅 • 온라인 존재 인지	• AI 엔진의 활용 • 알고리즘 기반 전략 • 자동화된 게시물 • AI 분석도구 • AI 콘텐츠 자동화

퍼스널 브랜딩의 진화 단계

퍼스널 브랜딩 0.5 (2010년 이전):

오프라인 명성, 명함, 대면 네트워킹 중심

- 명함과 브로슈어가 핵심 도구
- 지역 커뮤니티 내 네트워킹이 주요 마케팅 방식
- 입소문과 지인 추천으로 비즈니스 확장

퍼스널 브랜딩 1.0 (2010~2020):

소셜 미디어와 콘텐츠 마케팅 시대

- 페이스북, 인스타그램, 링크드인 프로필 최적화
- 블로그, 유튜브 채널 운영
- 이메일 마케팅과 웨비나를 통한 리드 확보
- 꾸준한 콘텐츠 생산과 '진정성'이 핵심 성공 요소

퍼스널 브랜딩 2.0 (2021년 이후):

AI 기반 데이터 주도 브랜딩

- AI 분석을 통한 타깃 고객 행동 패턴 파악
- 알고리즘 기반 콘텐츠 전략
- 자동화된 개인화 마케팅
- A/B 테스트와 데이터 기반 의사결정
- AI 도구를 활용한 콘텐츠 생산 효율화

우리는 지금 퍼스널 브랜딩 2.0 시대에 살고 있다. 그리고 이 변화의 중심에는 인공지능이 있다. 마치 스마트폰이 우리의 일상을 바꾼 것처럼, AI는 퍼스널 브랜딩의 방식을 완전히 새롭게 변화시키고 있다.

오래된 규칙들은 이제 쓸모없다.

기억하라. 한때 성공적이었던 규칙들도 시간이 지나면 의미를 잃는다.

【 사례 1 】 김소영의 인스타그램

김소영 씨는 매일 열심히 인스타그램에 콘텐츠를 올렸다. 그것도 정말 '좋은' 콘텐츠를. 하지만 6개월 후에도 팔로워는 500명을 넘지 못했다. 왜일까? 그녀는 자신이 '좋다고 생각하는' 콘텐츠를 올렸을 뿐, 데이터가 말하는 '효과적인' 콘텐츠를 올리지 않았기 때문이다.

【 사례 2 】박진우의 블로그

IT 전문가 박진우의 블로그는 처음에는 잘 성장했다. 하지만 1년 후에는 성장이 멈췄다. 그는 계속해서 양질의 콘텐츠를 올렸지만, 데이터를 분석하고 최적화하는 과정이 없었다. 반면, 그의 경쟁자들은 이미 AI를 통해 어떤 콘텐츠가 독자들의 마음을 사로잡는지 정확히 알고 있었다.

퍼스널 브랜딩 1.0과 2.0의 비교

구분	퍼스널 브랜딩 1.0	퍼스널 브랜딩 2.0(AI 기반)
콘텐츠 기획	직관과 감에 의존	데이터 기반 의사결정
콘텐츠 생산	수작업 위주 (고노동)	AI 툴 활용 (고효율)
타겟팅	광범위하고 불명확	정밀하고 세분화된 타겟
차별화	모방과 벤치마킹 중심	데이터 기반 독창성 발굴
속도	느린 실행과 피드백	빠른 실험과 최적화
확장성	제한적 (시간/노력 제약)	높음 (자동화 시스템)
측정	정성적/주관적 평가	정량적/객관적 지표
일관성	감정과 컨디션에 좌우	시스템화된 일관성

이것은 단순한 효율성의 문제가 아니다. 이것은 생존의 문제다.

AI가 가져온 변화:
데이터 중심 브랜딩의 등장

당신의 브랜드에 대한 진실은 당신의 생각 속에 있지 않다. 데이터 속에 있다.

당신이 모르는 사이에 일어난 세 가지 혁명

당신은 이제 스스로를 객관적으로 볼 수 있게 되었다. 거울은 당신의 모습을 보여주지만, 왜곡되어 있다. AI는 당신이 어떤 사람인지, 어떤 가치를 전달하는지, 무엇에 진정으로 뛰어난지를 데이터로 보여준다. 이것은 그저 의견이 아니다. 증거다. 당신이 가진 강점 중 90%는 아직 발견되지 않았다.

AI 분석 결과:

1. **당신은 '생산성 향상'을 주제로 할 때 가장 높은 반응을 얻는다.** 당신의 진짜 강점은 복잡한 개념을 쉽게 설명하는 능력이다. 당신의 콘텐츠는 오후 7~9시에 가장 많은 인게이지먼트를 얻는다.
2. **당신의 청중은 당신이 생각하는 그 사람들이 아니다.** 누가 당신의 콘텐츠를 소비하는지, 당신은 정말로 알고 있는가? 직감이 아

닌 데이터로 말해보라. AI는 당신의 콘텐츠에 실제로 반응하는 사람들이 누구인지 정확히 보여준다.

당신의 콘텐츠에 가장 반응하는 사람들:

- 당신이 생각했던 '20대 초반 학생'이 아니라 '30대 중반 직장인'
- 당신이 예상했던 '마케팅 담당자'가 아니라 '프리랜서와 창업가'
- 당신의 콘텐츠는 주말보다 평일 저녁에 더 큰 반응을 얻음

3. **콘텐츠 생산은 이제 노동이 아닌 설계의 문제다.** 육체노동자처럼 콘텐츠를 '생산'하고 있는가? 그렇다면 당신은 곧 자동화될 것이다. 하지만 설계자가 된다면? 설계자는 자동화되지 않는다. 설계자는 자동화를 활용한다.

AI 콘텐츠 자동화 시스템:

- 트렌드 분석: 실시간으로 업계 트렌드와 핫토픽 파악
- 콘텐츠 기획: 당신의 브랜드 DNA에 맞는 주제 추천
- 초안 작성: 당신의 톤/보이스로 맞춤형 초안 생성
- 최적화: 타깃 키워드와 독자 선호도에 맞게 조정
- 배포: 최적의 시간과 채널로 자동 게시

성공적인 전환: 이지원의 사례

마케팅 컨설턴트 이지원은 '도전'했다. 그녀는 자신이 5년 동안 쌓아온 방식을 과감히 버리고, AI를 파트너로 삼았다. 결과는? 6개월 만에 링크드인 팔로워가 10배 증가했고, 컨설팅 의뢰는 3배 늘었다. 그녀가 한 일은 단순하다:

- 자신의 과거 콘텐츠를 AI로 분석해 진짜 강점을 발견했다.
- 데이터로 실제 타깃 오디언스를 재정의했다.
- 콘텐츠 생산을 '노동'에서 '설계'로 전환했다.

당신도 같은 선택의 기로에 서 있다.

지금 변화하지 않으면 도태된다

변화는 선택이 아니다. 변화는 이미 일어났다. 당신이 지금 결정해야 할 것은 그 변화의 일부가 될 것인지, 아니면 그 변화에 휩쓸릴 것인지다.

변화하지 않는 것의 진짜 비용은 무엇일까?

모든 것에는 가격이 있다. 그러나 모든 가격이 가격표에 표시되는 것은 아니다. 마치 직접 물고기를 잡아 파는 횟집에 표기된 '시가' 처럼 말이다. 문제는 사고 싶은 생선을 만나기까지는 그 가격이 합리적인지 아닌지를 파악할 수 없다는 데 있다. 변화하지 않는 사람이 치러야 할 비용은 어쩌면 돈이 아닐지도 모른다. 자신의 미래와 관련한 공포, 두려움, 의심, 후회, 포기라는 형태로 지불해야 할 것이다.

당신은 지금 디지털 골드러시 시대의 한가운데에 있다.

골드러시 시대에는 두 종류의 사람이 있었다: 삽을 들고 금을 캐는 사람들과 삽을 파는 사람들. 누가 더 부자가 되었을까?

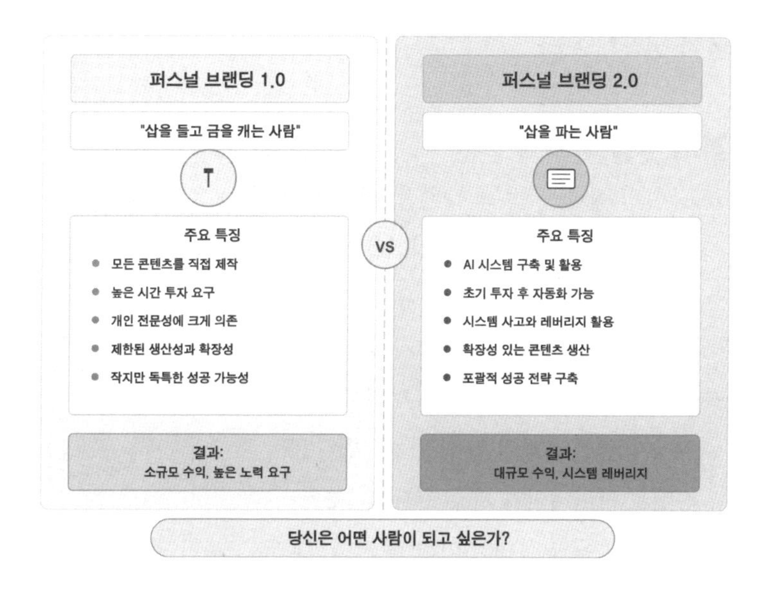

골드러시로 본 퍼스널 브랜딩 1.0 vs 2.0 비교

AI 시대의 퍼스널 브랜딩에서:

- **삽을 들고 금을 캐는 사람** = 모든 콘텐츠를 직접 수작업으로 만드는 사람= 퍼스널 브랜딩 1.0
- **삽을 파는 사람** = AI 시스템을 구축하고 활용하는 사람= 퍼스널 브랜딩 2.0

당신은 어떤 사람이 되고 싶은가?

잊지 말라: 시간은 당신이 가진, 교환 불가능한 유일한 자원이다.

매일 콘텐츠를 만들기 위해 3시간을 소비한다면, 1년이면 1,095시간이다. AI를 활용해 그 시간을 1시간으로 줄인다면? 당신은 730시간을 벌 수 있다. 한 달이 넘는 시간이다. 그 시간으로 무엇을 할 수 있을지 생각해 보라.

변화의 첫걸음: 자가 진단

지금 당신의 상태를 정직하게 점검해 보자:

- 콘텐츠 제작에 너무 많은 시간을 소비하고 있나요?
- 브랜드 메시지의 일관성을 유지하기 어렵나요?
- 어떤 콘텐츠가 왜 성공하는지 명확하게 파악하기 어렵나요?
- 타겟 오디언스에 대한 깊은 이해가 부족한가요?
- 경쟁자들이 더 빠르게 성장하고 있나요?
- 콘텐츠 아이디어가 자주 고갈되나요?
- 브랜딩 활동과 실제 수익 창출 사이의 연결고리가 약한가요?
- 데이터 분석에 자신이 없나요?

3개 이상 체크했다면, 당신은 이미 늦었다. 하지만 지금 시작한다면, 너무 늦지는 않았다.

새로운 규칙들

규칙 1: AI는 당신의 경쟁자가 아니라 파트너다.

AI를 두려워하는 사람들은 AI에게 패배할 것이다. AI를 포용하는 사람들은 AI를 포용하지 않는 사람들을 이길 것이다.

규칙 2: 완벽함보다 속도가 중요하다.

디지털 시대에는 "완벽하게 출시"보다 "빠르게 출시하고 개선"하는 것이 더 중요하다. AI는 당신에게 그 속도를 제공한다.

규칙 3: 데이터는 의견보다 강하다.

"내 생각에는"으로 시작하는 문장들을 조심하라. 대신 "데이터에 따르면"으로 시작하는 문장을 더 많이 사용하라.

규칙 4: 학습하지 않는 자는 도태된다.

AI 도구는 매주, 매일, 매시간 발전하고 있다. 지속적으로 학습하고 적응하는 것이 새로운 생존 기술이다.

"변화는 쉽지 않다.
하지만 성장은 변화 없이는 불가능하다."

프롬프트:

“

ChatGPT야,
내 업종에서 AI가 어떻게 활용될 수 있는지 분석해 줘.

”

질문하지 않으면 답을 얻을 수 없다. AI 시대의 성공은 올바른 질문에서 시작된다. 다음 프롬프트로 지금 바로 시작해 보자:

> 제 업종은 [당신의 업종]입니다. 현재 [주요 활동 3가지]에 집중하고 있으며, 주로 [타깃 고객/오디언스]를 대상으로 활동하고 있습니다.
>
> 1. 제 업종에서 AI를 활용한 퍼스널 브랜딩의 주요 트렌드는 무엇인가요?
> 2. 제가 AI를 활용해 더 효율적으로 할 수 있는 작업은 무엇인가요?
> 3. 제 경쟁자들이 현재 AI를 어떻게 활용하고 있을지 분석해 주세요.
> 4. AI 도구를 활용해 제 브랜드를 차별화할 수 있는 전략을 3가지 제안해 주세요.
> 5. 제가 지금 당장 시작할 수 있는 AI 퍼스널 브랜딩 첫 단계는 무엇인가요?

이것은 지도를 요청하는 것이다. 그리고 AI는 당신에게 맞춤형 지도를 제공할 것이다.

실제 사례: 뷰티 유튜버의 질문

> 제 업종은 뷰티 유튜버입니다. 현재 메이크업 튜토리얼, 제품 리뷰, 스킨케어 루틴 공유에 집중하고 있으며, 주로 20~35세 여성 시청자를 대상으로 활동하고 있습니다. 제 업종에서 AI를 활용한 퍼스널 브랜딩의 주요 트렌드는 무엇인가요?

ChatGPT의 답변은 그녀의 눈을 열어주었다:

> 뷰티 업계의 AI 퍼스널 브랜딩 트렌드:
>
> - AI 피부 분석을 통한 맞춤형 스킨케어 추천
> - 가상 메이크업 시뮬레이션으로 제품 미리보기 제공
> - 데이터 기반으로 시청자 선호도를 분석한 콘텐츠 기획
> - 자동 자막 생성 및 다국어 지원으로 글로벌 시청자 확대

이것은 시작일 뿐이다. 첫 번째 질문이 첫 번째 답변을 가져오고, 그 답변이 더 좋은 두 번째 질문을 만들어낸다. 이것이 AI와의 대화가 작동하는 방식이다.

체크리스트:

기존 브랜딩 방식에서 AI로 바꿔야 할 부분 점검

변화는 한 번에 모든 것을 바꾸는 것이 아니다. 단계적으로 접근하라:

지금 바로 시작할 수 있는 것

- 주제 선정을 감이 아닌 데이터 기반으로 전환
- AI 콘텐츠 생성 도구로 초안 작성 프로세스 자동화
- 이미지/그래픽 제작에 AI 디자인 도구 활용

다음 주에 시작할 수 있는 것

- AI 분석 도구로 타겟 오디언스 정밀 분석
- 콘텐츠 성과 데이터 자동 수집 시스템 구축
- 브랜드 톤/보이스 가이드라인 수립 및 AI 적용

한 달 안에 구축할 것

- 콘텐츠 일정 및 배포 자동화
- 다양한 플랫폼용 콘텐츠 자동 변환 시스템

• 퍼스널 브랜드 모니터링 자동화

작은 변화들이 모여 큰 혁신을 이룬다. 당신이 해야 할 일은 첫 번째 변화를 시작하는 것뿐이다.

선택의 시간이다.

지금 이 순간, 당신은 두 갈래 길 앞에 서 있다:

한쪽은 익숙한 길이다. 당신이 항상 해왔던 방식으로 계속 가는 길. 그 길은 분명 편안하다. 하지만 그 끝에는 무엇이 기다리고 있을까?

다른 한쪽은 낯선 길이다. AI와 데이터를 받아들이고, 새로운 방식을 학습하는 길. 처음에는 불편할 수도 있다. 하지만 그 길은 무한한 가능성으로 이어진다.

어떤 길을 선택할 것인가? 결정은 당신의 몫이다.

다음 장에서는 AI 기반 브랜드를 구축해야 하는 더 구체적인 이유와 방법에 대해 알아보겠다. 그 전에 한 가지 물어보자.

당신은 미래를 두려워하는가, 아니면 설계하고 있는가?

"적응하는 자가 살아남는다
(It is not the strongest of the species that survives, but the most adaptable to change)."

—찰스 다윈

제2장

AI 기반 브랜드를 구축해야 하는 이유

에피소드 2:

유튜브 구독자 10만, 하지만 수익은 제자리?

성공의 정의를 누가 내렸는가? 숫자일까, 아니면 그 이상일까?

"드디어 해냈어요! 구독자 10만 명 달성하고 실버 버튼도 받았습니다!"

정유진은 요리 유튜버다. 3년 동안 주 2회 콘텐츠를 올리며 구독자 10만 명을 달성했다. 그녀의 인스타그램에는 실버 버튼을 들고 환하게 웃는 사진이 올라왔고, 축하 댓글이 쏟아졌다. 하지만 그날 밤, 유진은 엑셀 파일을 들여다보며 한숨을 내쉬었다.

"구독자는 10만 명인데, 왜 수익은 늘지 않는 걸까?"

그녀의 월 수익은 여전히 300만 원 수준에 머물러 있었다. 더 많은 시간과 돈을 콘텐츠 제작에 투자했지만, 수익은 그에 비례해 증가하지 않았다. 그녀는 무언가 근본적으로 잘못되고 있다고 느꼈다.

우연히 참석한 크리에이터 모임에서 유진은 자신보다 구독자 수가 적지만 월 수익이 1,000만 원이 넘는 이태준을 만났다. 놀란 유진이 비결을 물었다.

"유진님, 요리 실력은 정말 대단해요. 하지만 브랜드가 명확하지 않아요. 저는 AI를 활용해 제 시청자들이 정확히 누구인지, 그들이 무엇을 원하는지 파악했어요. 그리고 그들에게 맞춤형 가치를 제공하는 시스템을 구축했죠."

태준은 계속해서 자신이 어떻게 AI를 활용해 콘텐츠뿐만 아니라 전체 브랜드 전략을 최적화했는지 설명했다. 그는 단순히 좋은 콘텐츠를 만드는 것에 그치지 않고, 데이터를 기반으로 시청자들의 구매 여정을 설계했다.

"구독자 수는 허영심을 채워주지만, 실제 수익을 가져오는 건 명확한 브랜드와 전환 시스템이에요. AI는 이 모든 것을 더 효율적으로 만들어줍니다."

그날 이후, 유진은 단순히 콘텐츠 크리에이터가 아닌 브랜드 설계자로 거듭나기로 결심했다.

"이제 나는 데이터에 귀를 기울일 것이다. 그리고 AI의 도움을 받아 진정한 브랜드를 구축할 것이다."

"성공은 우연이 아니라 필연이다.
그것은 선택의 결과이지, 기회의 결과가 아니다."
—아리스토텔레스

감(感) vs. 데이터:
AI는 당신을 어떻게 돕는가?

당신은 지금도 손전등으로 우주를 탐험하고 있는가? 우리는 오랫동안 '감'이라는 손전등 하나로 브랜딩이라는 우주를 탐험해왔다. 그 손전등은 가까운 곳만 비출 수 있었다. 하지만 이제 AI라는 망원경이 있다. 이 망원경은 당신이 볼 수 없었던 별들을 보여준다.

직관은 당신을 배신한다.

"내 콘텐츠가 이번에는 분명히 대박날 거야." 이런 생각을 해본 적 있는가? 그리고 그 생각이 틀린 적은 얼마나 많은가? 우리의 직관은 우리를 속인다. 우리는 패턴을 잘못 인식하고, 과거의 경험에 지나치게 의존한다.

데이터는 거짓말하지 않는다.

당신의 청중은 당신이 생각하는 그 사람들이 아니다. 당신의 콘텐츠를 가장 열정적으로 소비하는 사람들이 누구인지 정확히 알고 있는가? 당신의 대답이 "추측"에 기반한다면, 당신은 이미 뒤처지고 있다. AI는 당신에게 놀라운 진실을 알려줄 것이다:

- 당신이 생각했던 타겟과 실제 타겟의 차이
- 당신이 생각했던 강점과 실제 강점의 차이
- 당신이 생각했던 차별점과 실제 차별점의 차이

AI가 당신의 브랜딩에 가져올 세 가지 혁명

1. **정확성**: 추측이 아닌 증거
   - 직관: "내 콘텐츠는 20대 여성에게 인기가 있을 거야."
   - AI: "당신의 콘텐츠는 실제로 30~45세 남성들에게 가장 높은 참여율을 보입니다."

이 차이가 당신의 전체 전략을 바꿀 수 있다. 잘못된 사람들을 위한 완벽한 콘텐츠는 의미가 없다.

2. **효율성**: 노동이 아닌 설계
   - 직관: "더 많은 콘텐츠를 만들면 더 큰 성공을 거둘 거야."
   - AI: "당신은 양이 아니라 질과 일관성에 집중해야 합니다. 주 1회 핵심 콘텐츠와 3회 지원 콘텐츠가 최적의 패턴입니다."

AI는 당신이 더 열심히 일하는 것이 아니라, 더 스마트하게 일하도록 돕는다.

3. **일관성**: 감정이 아닌 시스템
   - 직관: "영감이 올 때 좋은 콘텐츠를 만들 수 있어."
   - AI: "당신의 콘텐츠는 특정 패턴을 따를 때 가장 효과적입니다. 이 패턴을 시스템화하면 영감의 유무와 관계없이 일관된 품질을 유지할 수 있습니다."

시스템은 감정에 좌우되지 않는다. 시스템은 결과를 보장한다.

직관과 AI의 대결: 승자는?

영역	직관 기반 접근(퍼스널브랜딩 1.0)	AI 기반 접근(퍼스널 브랜딩 2.0)
타깃팅	"내 느낌에는 이런 사람들이 좋아할 것 같아"	"이 데이터에 따르면 이런 사람들이 실제로 반응합니다"
콘텐츠 계획	"에는 이런 주제가 좋을 것 같아"	"이 주제는 당신의 오디언스가 가장 활발히 검색하는 내용입니다"
게시 시간	"아침에 올리면 많이 볼 것 같아"	"당신의 오디언스는 저녁 8~10시에 가장 활발하게 반응합니다"
전환율	"왜 판매가 안 될까?"	"구매 여정의 이 단계에서 이탈률이 높습니다. 이 부분을 개선해야 합니다"
확장 전략	"이제 인스타그램도 해볼까?"	"링크드인이 당신의 목표 오디언스와 메시지에 가장 적합한 다음 플랫폼입니다"

직관은 시작점일 뿐이다. 데이터는 목적지로 가는 지도다.

AI 기반 개인 브랜딩 사례 분석

【사례 1】 김태호의 변신

김태호는 프리랜서 그래픽 디자이너였다. 그의 인스타그램은 5,000명의 팔로워를 가지고 있었지만, 월 평균 2건의 프로젝트만 받고 있었다.

그는 AI 기반 브랜딩으로 전환했다:

1. **발견**: AI 분석 결과, 그의 포트폴리오 중 '미니멀 로고 디자인'이 압도적인 반응을 얻고 있었다. 그가 생각했던 강점(일러스트레이션)과 실제 강점에 차이가 있었다.
2. **집중**: 그는 모든 디자인 서비스를 제공하는 '종합 디자이너'에서 '미니멀리즘 로고 전문가'로 포지셔닝을 변경했다.
3. **시스템화**: AI 도구를 활용해 로고 디자인 프로세스를 체계화하고, 고객 응대를 일부 자동화했다.

결과:

6개월 후, 그의 월 프로젝트는 2건에서 15건으로 증가했고, 프로젝트당 단가도 30% 상승했다.

교훈:

모든 사람을 위한 평범한 브랜드보다 특정 사람들을 위한 탁월한 브랜드가 더 가치 있다.

【사례 2】 박지민의 혁신

재테크 유튜버 박지민은 구독자 5만 명을 보유했지만, 수익화에 어려움을 겪고 있었다.

AI 브랜딩 전환 과정:

1. **데이터 기반 인사이트:** AI 분석 결과, 그녀의 시청자들은 주로 30대 초반 맞벌이 부부였고, 부동산보다 주식과 ETF에 관심이 높았다.
2. **콘텐츠 최적화:** 이 인사이트를 바탕으로 콘텐츠 전략을 재조정했다. 부동산 관련 콘텐츠를 줄이고, 맞벌이 부부를 위한 장기 투자 전략 콘텐츠를 늘렸다.
3. **브랜드 시스템:** 주 1회 핵심 콘텐츠(심층 분석)와 주 3회 보조 콘텐츠(짧은 팁)의 패턴을 구축했다. AI 스크립트 어시스턴트를 활용해 일관된 톤과 메시지를 유지했다.

결과:

구독자 증가율은 비슷했지만, 유료 뉴스레터 구독자가 0에서 1,200명으로 증가했고, 온라인 강의 매출이 월 300만 원에서 1,500만원으로 증가했다.

교훈:

더 많은 트래픽이 아닌, 더 관련성 높은 트래픽이 수익으로 이어진다.

브랜딩 vs. 인플루언싱: 혼동하지 말아야 할 차이

당신은 브랜드를 구축하고 있는가, 아니면 그저 인플루언서가 되려고 하는가?

- **인플루언싱**: 관심을 끄는 것 (구독자 수, 좋아요, 조회수)
- **브랜딩**: 가치를 정립하는 것 (신뢰, 전문성, 차별성, 그리고 궁극적으로 수익)

구분	인플루언싱	브랜딩
목표	많은 사람들의 주목	적합한 사람들의 신뢰
성공 지표	좋아요, 구독자 수, 조회수	전환율, 고객가치, 수익
콘텐츠 초점	관심을 끄는 것	문제를 해결하는 것
지속 가능성	알고리즘 변화에 취약	고객 관계에 기반
수익 모델	광고 및 협찬에 의존	다양한 수익원 구축

인플루언싱은 브랜드로 가는 첫 단계일 수 있지만, 그 자체로는 온전한 브랜드가 아니다.

AI를 활용한 맞춤형 브랜딩 시대의 개막

당신이 지금 봐야 할 것은 AI가 무엇을 대체하느냐가 아니라, 무엇을 가능하게 하느냐다.

AI가 가능하게 하는 세 가지 브랜딩 혁신

1. 초개인화 (Hyper-personalization)
   - 과거: 하나의 메시지를 모든 사람에게 전달
   - 현재: 세분화된 그룹에 맞춘 몇 가지 메시지
   - AI 시대: 개인별 맞춤형 경험 제공

   AI 초개인화 예시:
   - 개인의 소비 패턴에 따라 다른 이메일 콘텐츠 제공
   - 사용자의 검색 기록과 행동에 기반한 맞춤형 랜딩 페이지
   - 개인의 질문 스타일에 맞춘 응답 시스템
2. 예측적 브랜딩 (Predictive Branding)
   - 과거: 과거 데이터 분석에 기반한 의사결정
   - 현재: 실시간 데이터 모니터링
   - AI 시대: 미래 트렌드와 반응을 예측하는 브랜딩

AI 예측 기능 예시:

- "다음 달에는 이 주제가 트렌드가 될 확률이 높습니다"
- "이 콘텐츠 전략은 6개월 후 성장 정체를 가져올 수 있습니다"
- "현재 행동 패턴에 따르면 이 오디언스는 3개월 내 이 제품에 관심을 가질 것입니다"

3. 통합적 브랜드 시스템 (Integrated Brand System)
   - 과거: 분리된 브랜딩 활동들
   - 현재: 연결된 브랜딩 채널들
   - AI 시대: 자율적으로 작동하는 브랜드 생태계

AI 통합 시스템 예시:

- 콘텐츠 반응에 따라 자동으로 조정되는 메시지 전략
- 플랫폼 간에 자동으로 최적화되는 콘텐츠
- 고객 여정의 각 단계를 연결하는 자동화된 터치포인트

맞춤형 브랜딩을 위한 AI 도구 생태계

당신이 알아야 할 AI 도구들:

- 콘텐츠 기획: BuzzSumo, Ahrefs와 AI의 결합, GPT-4로 콘텐츠 전략 수립
- 콘텐츠 생성: ChatGPT, Claude, Jasper, Copy.ai로 초안 작성 및 최적화
- 이미지 제작: DALL-E, Midjourney, Leonardo.ai로 맞춤형 비주얼 제작
- 영상 제작: Synthesia, Descript, Runway로 영상 콘텐츠 생산성 향상
- 데이터 분석: Obviously AI, Google Analytics 4와 AI의 결합
- 고객 관계: AI 챗봇, 이메일 마케팅 자동화, 개인화된 제안

이 도구들을 단순히 개별적으로 사용하는 것이 아니라, 하나의 통합된 시스템으로 구축하는 것이 중요하다.

프롬프트:

"

나의 퍼스널 브랜딩을 위해 AI가 도와줄 수 있는 5가지 방법을 제안해줘.

"

올바른 질문이 성공의 절반이다. 다음 프롬프트로 AI의 구체적인 도움을 받아보자:

> 나는 [직업/전문 분야]에서 활동하는 [이름]입니다. 현재 [주요 플랫폼]에서 [현재 활동 내용]을 하고 있으며, [단기 목표]와 [장기 목표]를 가지고 있습니다.
>
> 1. 내 분야에서 AI를 활용한 퍼스널 브랜딩 성공 사례가 있다면 알려주세요.
> 2. 내 현재 활동에서 AI로 즉시 최적화할 수 있는 부분은 무엇인가요?
> 3. 내 브랜드의 차별화 포인트를 발견하기 위해 AI를 어떻게 활용할 수 있을까요?
> 4. 내 타겟 오디언스를 더 정확히 이해하기 위한 AI 기반 방법은 무엇인가요?
> 5. 지속 가능한 브랜드 성장을 위한 AI 자동화 시스템을 어떻게

구축할 수 있을까요?

실제 활용 예시: 정유진의 질문

요리 콘텐츠 창작자로 활동하는 정유진입니다. 현재 유튜브와 인스타그램에서 한식 레시피와 식재료 활용법 콘텐츠를 올리고 있으며, 단기적으로는 수익 구조 다양화를, 장기적으로는 자체 식품 브랜드 론칭을 목표로 하고 있습니다.

1. 요리 콘텐츠 크리에이터 중 AI를 활용한 퍼스널 브랜딩 성공 사례가 있다면 알려주세요.
2. 내 현재 활동에서 AI로 즉시 최적화할 수 있는 부분은 무엇인가요?

ChatGPT의 통찰력 있는 답변:

1. 요리 콘텐츠 크리에이터의 AI 활용 성공 사례:
- 미국의 요리 크리에이터 J.K는 AI 데이터 분석을 통해 시청자들이 '간편한 비건 요리'에 가장 높은 관심을 보인다는 사실을 발견하고, 이에 집중하여 6개월 만에 수익이 3배 증가
- 일본의 B.T는 AI 콘텐츠 분석으로 '요리 과정보다 식재료 선택과 준비 방법'에 대한 시청자들의 관심을 파악하고, 콘텐츠 구성을 변경해 참여율 150% 증가

2. 즉시 AI로 최적화할 수 있는 부분:
- 콘텐츠 데이터 분석: 어떤 요리, 어떤 설명 방식이 가장 인게이

지먼트가 높은지 분석

- 썸네일 최적화: AI 이미지 분석으로 최고의 성과를 내는 썸네일 패턴 파악
- 레시피 키워드 연구: AI 키워드 분석으로 검색 최적화된 레시피 제목과 설명 작성
- 콘텐츠 일정 최적화: 시청자 활동 패턴 분석으로 최적의 콘텐츠 발행 일정 수립

이러한 인사이트가 당신의 전체 브랜딩 전략을 변화시킬 수 있다.

체크리스트:

AI 활용 가능성이 높은 브랜딩 요소 분석

AI 퍼스널 브랜딩으로 전환할 준비가 되었는지 확인해 보자:

브랜드 기초 요소

- [ ] 브랜드 가치 분석 및 명확화 (AI 콘텐츠 분석)
- [ ] 타겟 오디언스 정밀 세분화 (AI 데이터 분석)
- [ ] 경쟁자 차별화 포인트 발굴 (AI 경쟁자 분석)
- [ ] 브랜드 메시지 최적화 (AI 언어 모델 활용)
- [ ] 비주얼 아이덴티티 개발 (AI 이미지 생성)

콘텐츠 제작 및 최적화

- [ ] 콘텐츠 계획 데이터화 (AI 트렌드 분석)
- [ ] 콘텐츠 초안 자동화 (AI 콘텐츠 생성)
- [ ] 시각 자료 제작 효율화 (AI 이미지/영상 생성)
- [ ] SEO 및 키워드 최적화 (AI 키워드 분석)

- [ ] 콘텐츠 성과 예측 및 분석 (AI 예측 모델)

브랜드 성장 시스템

- [ ] 고객 여정 자동화 (AI 마케팅 자동화)
- [ ] 개인화된 소통 구축 (AI 챗봇/이메일)
- [ ] 다채널 최적화 (AI 채널 분석)
- [ ] 수익화 전략 개발 (AI 수익 모델 제안)
- [ ] 브랜드 성과 측정 (AI 데이터 대시보드)

단계적으로 체크리스트를 완성해 나가면서, 당신만의 AI 브랜딩 시스템을 구축해 나가자.

결정의 시간이다.

우리는 이제 선택의 기로에 서 있다. 퍼스널 브랜딩은 더 이상 단순한 콘텐츠 제작 활동이 아니다. 그것은 당신이 세상에 제공하는 가치에 대한 명확한 메시지와 시스템이다. AI는 그 메시지를 더 정확하게 만들고, 그 시스템을 더 효율적으로 만든다.

질문은 간단하다:

당신은 AI를 활용해 데이터에 기반한 진정한 브랜드를 구축할 것인가, 아니면 직관에 의존해 계속 헤맬 것인가? 이 결정이 당신의 미래를 바꿀 것이다.

다음 장에서는 조연심의 7D 퍼스널 브랜딩 프로세스 중 첫 번째 단계인 'Discover Myself'에 AI를 접목하는 방법을 구체적으로 알아보겠다. 그 전에, 한 가지 질문을 던지고 싶다.

"당신은 알고리즘의 노예가 될 것인가?

아니면,

알고리즘의 주인이 될 것인가?"

2부

7D 퍼스널 브랜딩 프로세스를 활용한 AI 브랜드 구축

이론에서 실행으로: 러셀 브런슨 방식의 단계별 접근

1부에서 AI 퍼스널 브랜딩의 필요성을 깨달았다면, 이제는 실제로 어떻게 만들어가야 할지 궁금할 것이다. 2부에서는 바로 그 답을 제시한다.

여기서 우리는 마케팅 세계의 실행력 대가인 러셀 브런슨의 접근 방식을 차용했다. 왜일까?

러셀 브런슨은 복잡한 마케팅 개념을 누구나 따라 할 수 있는 단계별 시스템으로 변환하는 탁월한 능력을 가졌다. 그의 〈마케팅 설계자〉나 〈브랜드 설계자〉 같은 책들이 수백만 명의 사람들에게 영향을 미친 이유는 "이렇게 하세요, 저렇게 하세요"라는 명확한 지침을 제공하기 때문이다.

AI 퍼스널 브랜딩은 새롭고 복잡할 수 있다. 하지만 브런슨의 방식대로 체계적인 단계와 명확한 실행 지침을 따라가면, 당신은 놀라운 변화를 경험하게 될 것이다.

7D 프로세스: 당신의 AI 브랜드 구축 여정

브런슨은 항상 말한다. "성공은 미스터리가 아니라 방법론입니다."

2부에서 소개하는 7D 프로세스 중 1단계에서 5단계에 해당하는 5D(Discover, Define & Design, Digitalize, Develop, Differentiate)는 AI 시대에 맞춘 퍼스널 브랜딩의 체계적인 방법론이다. 각 단계는 '무엇을 해야 하는지'와 '어떻게 해야 하는지'를 명확히 제시할 것이다.

브런슨이 강조하듯, 복잡한 것은 혼란을 가져오지만 단순한 시스템은 실행을 가능하게 한다.

각 장에서는:

- 에피소드: 실제 상황을 통해 필요성을 이해한다.

- 실행 방법: 단계별 AI 활용 전략을 배운다.
- 프롬프트: 즉시 사용할 수 있는 ChatGPT 명령어를 제공한다.
- 체크리스트: 진행 상황을 점검하고 다음 단계로 나아간다.

이것이 바로 브런슨의 "결과를 보장하는 시스템"이다.

초보자에서 전문가로: 단계별 성장

"오늘의 당신이 1년 전의 당신을 만난다면, 놀랄 만큼 성장해 있어야 합니다."

브런슨의 이 말처럼, 2부의 7D 프로세스는 당신을 현재의 위치에서 다음 단계로 안내한다. 강점 발견부터 차별화 전략까지, 모든 단계는 유기적으로 연결되어 당신만의 독창적인 AI 브랜드를 구축하도록 도와준다.

복잡한 AI 기술을 이해할 필요는 없다. 필요한 것은 제시된 단계를 따르고, 프롬프트를 활용하고, 체크리스트로 점검하는 실행력뿐이다. 브런슨이 자주 강조하듯, "아는 것과 행동하는 것 사이에는 큰 차이가 있다." 2부는 당신이 '알기만 하는 사람'에서 '실행하는 사람'으로 전환되도록 도울 것이다.

당신의 AI 브랜드 구축 여정이 바로 여기서 시작된다.

제3장

Discover Myself: 나만의 강점 찾기

에피소드 3:

“AI가 나보다 나를 더 잘 안다?”

“정말 이해가 안 돼요. 5년 동안 열심히 살았는데, 아직도 내가 뭘 잘하는지 모르겠어요.”

마케팅 회사에서 일하는 서지훈(32세)은 노트북 앞에 앉아 한숨을 내쉬었다. 퇴근 후 시간을 투자해 블로그 글을 쓰고, 유튜브 영상도 찍어보고, 팟캐스트도 시도해봤지만 어느 것 하나 지속하지 못했다. 무엇이 문제일까 고민하던 그는 우연히 AI 퍼스널 브랜딩에 관한 글을 읽게 되었다.

“AI가 나의 강점을 찾아준다고? 그게 가능할까?”

반신반의하며 ChatGPT에 자신의 이력서, 과거 작성했던 블로그 글, SNS 포스팅 내용을 분석해달라고 요청했다. 그리고 놀라운 일이 벌어졌다.

“흥미롭군요. 지훈 님은 복잡한 마케팅 개념을 쉽게 비유로 설명하는 능력이 뛰어납니다. 특히 ‘마케팅 퍼널’을 ‘연애 과정’에 비유한 글이 가장 높은 반응을 얻었네요. 또한 B2B 마케팅보다 B2C 마케팅 주제에서 더 생생한 표현과 독창적인 관점이 드러납니다.”

지훈은 화면을 보며 놀랐다. 그가 무의식적으로 썼던 글 중 가장 반응이 좋았던 것은 항상 일상적인 비유를 활용해 복잡한 마케팅 개념을 설명한 콘텐츠였다. 그는 이런 패턴을 전혀 인식하지 못했다.

더 놀라운 것은 AI가 제안한 앞으로의 방향이었다.

"지훈님의 강점을 살려 '마케터의 일상 비유로 배우는 마케팅 심리학'이라는 특화된 브랜드를 구축해 보는 건 어떨까요? 매주 하나의 마케팅 개념을 일상 비유로 설명하는 짧은 영상과 블로그를 연계하여 운영하면 효과적일 것 같습니다."

그날 이후 지훈은 AI의 분석에 기반해 콘텐츠 전략을 완전히 바꿨다. 3개월 후, 그의 유튜브 채널은 구독자 5,000명을 넘었고, 회사에서도 그의 콘텐츠 스타일을 인정받아 기업 SNS 운영을 맡게 되었다.

"내가 5년 동안 찾지 못한 나만의 강점을 AI가 단 하루 만에 찾아냈어요. 이제는 AI가 나의 가장 중요한 멘토이자 코치가 되었습니다."

"자신을 아는 것이 모든 지혜의 시작이다.
하지만 오늘날에는 때로 AI가 당신이 스스로를 발견하는 데
도움을 주는 안내자가 될 수 있다."

—현대적 해석의 소크라테스

Discover Myself_자아탐색하기_1단계(7D)

AI를 활용한 자기 분석 방법

많은 사람들이 자신의 강점과 독특한 가치를 파악하지 못해 브랜딩에 실패한다. 하지만 이제 AI를 활용하면 누구나 정확하고 객관적인 자기 분석이 가능하다. 이 분석 방법은 제가 10년 이상 수백명의 사람들에게 적용해 검증한 3단계 자기 분석 프로세스에 AI를 접목한 것이라 자신 있게 소개할 수 있다.

1단계: 데이터 수집 및 준비

자기 분석의 첫 번째 비밀은 충분한 데이터를 확보하는 것이다. AI는 여러분이 제공하는 데이터만큼만 정확한 분석을 할 수 있다.

수집해야 할 핵심 데이터:

1. 콘텐츠 데이터
   - 과거에 작성한 블로그 글, SNS 포스팅
   - 이메일 뉴스레터, 업무 관련 문서
   - 영상/오디오 콘텐츠 스크립트
2. 피드백 데이터

- 받은 댓글, 피드백, 리뷰
- 동료/상사/고객의 평가/인터뷰
- 가장 높은 반응을 얻은 콘텐츠

3. 경력 및 성과 데이터
   - 이력서, 포트폴리오
   - 주요 성과 및 업적
   - 개인적 성취와 취미활동

실행 단계:

1. **문서 폴더 만들기:** 'AI 자기 분석'이라는 폴더를 만들고 모든 자료를 모은다.
2. **콘텐츠 정리하기:** 최소 10개 이상의 콘텐츠 샘플(글, 영상 스크립트 등)을 준비한다.
3. **피드백 취합하기:** 받은 피드백을 날짜순으로 정리하고, 반복되는 키워드를 표시한다.
4. **타임라인 작성하기:** 주요 경력과 성과를 시간순으로 정리한다.

성공 사례:

김영희 씨는 5년간의 이메일, 블로그 글, 회사 프로젝트 제안서 30개를 모아 AI 분석을 진행했다. 그 결과 그녀는 '복잡한 기술 개념을 스토리텔링으로 쉽게 풀어내는 능력'이 자신의 핵심 강점임을 발견했다.

2단계: AI 분석 도구 활용하기

충분한 데이터를 모았다면, 이제 AI 도구를 활용해 객관적인 분석을 진행할 차례다.

주요 AI 분석 도구:

1. ChatGPT/Claude와 같은 AI 언어 모델
   - 장점: 다양한 형식의 텍스트 분석 가능, 심층적인 패턴 발견
   - 활용법: 프롬프트 엔지니어링을 통한 맞춤형 분석
2. IBM Watson Personality Insights 유사 서비스
   - 장점: 심리학적 특성과 가치관 분석
   - 활용법: 텍스트 데이터를 업로드하여 성격 특성 분석
3. Crystal
   - 장점: DISC 기반 커뮤니케이션 스타일 분석
   - 활용법: 링크드인 프로필 연동으로 소통 스타일 파악
4. Receptiviti
   - 장점: 언어적 패턴을 통한 심리적 통찰
   - 활용법: 텍스트 샘플 분석으로 언어 패턴 파악

> **ChatGPT를 활용한 자기 분석 프롬프트 템플릿**
>
> 다음은 내가 작성한 콘텐츠 샘플입니다:
>
> [여기에 콘텐츠 샘플 10개 이상 붙여넣기]
>
> 다음은 내가 받은 피드백입니다:
>
> [여기에 피드백 내용 붙여넣기]
>
> 다음은 나의 주요 경력과 성과입니다:
>
> [여기에 이력 정보 붙여넣기]
>
> 다음은 내가 작성한 콘텐츠 샘플입니다:
>
> [여기에 콘텐츠 샘플 10개 이상 붙여넣기]

다음은 내가 받은 피드백입니다:
[여기에 피드백 내용 붙여넣기]

다음은 나의 주요 경력과 성과입니다:
[여기에 이력 정보 붙여넣기]

위 정보를 바탕으로 다음을 분석해 주세요:
1. 내 콘텐츠에서 반복적으로 나타나는 강점과 독특한 관점 3가지
2. 내 커뮤니케이션 스타일의 특징과 가장 효과적으로 전달하는 주제 영역
3. 남들과 구별되는 나만의 독특한 경험이나 전문 지식
4. 내가 가장 열정을 느끼는 주제나 활동 패턴
5. 이 모든 요소를 종합했을 때, 내가 브랜딩에 활용할 수 있는 핵심 차별점 3가지

실행 팁:
한 번의 분석으로 끝내지 말고, 프롬프트를 수정해 가며 최소 3회 이상 다른 각도에서 분석을 반복해 보라. 여러 결과에서 공통으로 나타나는 패턴이 가장 신뢰할 수 있는 인사이트다.

3단계: 분석 결과 정제 및 검증

AI가 제공한 인사이트는 그 자체로 완벽하지 않다. 이를 정제하고 검증하는 과정이 반드시 필요하다.

결과 정제 과정:

1. 핵심 인사이트 추출
   - AI가 제공한 분석 결과에서 반복적으로 언급되는 핵심 강점 3~5가지 추출
   - 각 강점이 구체적인 예시와 함께 언급된 부분 표시
2. 피드백 루프 구축
   - 추출한 인사이트를 신뢰할 수 있는 동료/멘토 5명에게 공유
   - "이 강점이 실제로 나에게서 보이는가?"라는 질문에 1~10점 척도로 평가 요청
3. 실제 성과와 연결
   - 발견한 강점이 과거의 어떤 성과나 성공 경험과 연결되는지 매핑
   - 각 강점이 가장 잘 발휘된 상황과 조건 분석

검증 워크시트 예시:

발견된 강점	구체적 증거 (AI 분석)	피드백 점수 (1~10)	연결된 성과
복잡한 개념을 쉬운 비유로 설명하는 능력	마케팅 퍼널을 연애 과정에 비유한 글이 가장 높은 인게이지먼트	9.2/10	어려운 제품을 쉽게 설명해 전환율 20% 향상
데이터와 감성을 연결하는 스토리텔링	통계 데이터를 인간적 스토리로 변환한 콘텐츠에서 체류시간 2배	8.7/10	데이터 기반 보고서로 CEO 프레젠테이션 성공
트렌드를 빠르게 파악하고 적용하는 민첩성	새로운 플랫폼과 포맷을 초기에 실험하는 패턴	7.5/10	틱톡 마케팅 조기 도입으로 경쟁사 대비 우위 확보

실행 팁:

피드백 점수가 8점 이상인 강점만 핵심 차별점으로 선정하라. 7점 이하인 강점은 추가 검증이나 개발이 필요할 수 있다.

브랜드 DNA 설정하기 (BI + VP)

자신의 강점을 발견했다면, 이제 이를 바탕으로 명확한 브랜드 DNA를 설정할 차례다. 브랜드 DNA는 브랜드 아이덴티티(BI)와 가치 제안(VP)으로 구성된다.

퍼스널 브랜드 방정식
PB = (BI + VP + VM) x C x N

그림 5 조연심 논문 〈생성 AI 기반 퍼스널 브랜딩 7D 프로세스 모델 설계 연구〉 출처

PB (Personal Brand): 최종 퍼스널 브랜드

BI (Brand Identity): 브랜드 정체성

VP (Value Proposition): 비즈니스 가치 제안

VM (Visual & Verbal Messaging): 시각적·언어적 메시지

C (Consistency): 일관성

N (Network Expansion): 네트워크 확장

구축하고자 하는 최종 퍼스널 브랜드 PB(Personal Brand)는 현재의 나 (ASIS; reality)가 아니라 긍정적 모습의 미래의 나, 즉 브랜드 정체성 BI(Brand Identity)를 특정하고, 그에 맞는 가치 제안 VP(Value Proposition)를 하며, 시각적, 언어적 메시지인 VM (Visual & Verbal Messaging)을 온-오프라인을 통해 일관성 있게 C(Consistency) 지속적으로 보여주고, 네트워크 확장 N (Network Expansion)을 하면서 완성된다.

브랜드 아이덴티티(BI) 구축하기

브랜드 아이덴티티는 '당신이 누구인가'를 정의한다. AI를 활용해 더 정확하고 차별화된 BI를 구축할 수 있다.

BI 구축 5단계 프로세스:

1. 핵심 가치 정의
   - AI 분석에서 도출된 강점과 가치관 검토
   - 3~5개의 핵심 가치 선정 (예: 진정성, 혁신, 실용성)
2. 브랜드 개성 설정
   - AI 언어 분석 결과를 기반으로 브랜드 개성 특성 정의
   - 브랜드 개성을 사람으로 표현한다면 어떤 사람인지 구체화
3. 브랜드 스토리 개발
   - AI 스토리텔링 도구를 활용해 개인 경험을 브랜드 여정으로 재구성
   - 왜, 무엇을, 어떻게 하게 되었는지 명확한 내러티브 구축
4. 브랜드 톤/보이스 정의
   - AI 분석으로 가장 효과적인 커뮤니케이션 스타일 파악
   - 일관된 어조와 표현 방식 수립 (친근한/전문적/도전적 등)
5. 비주얼 아이덴티티 구상

- AI 이미지 생성 도구로 브랜드 무드보드 제작
- 색상, 폰트, 이미지 스타일 등 시각적 요소 정의

AI 활용 BI 워크시트 프롬프트

[브랜드명] 브랜드 아이덴티티 워크시트를 생성해 주세요.

핵심 가치:

1. [가치 1]: [가치에 대한 정의 및 이유]
2. [가치 2]: [가치에 대한 정의 및 이유]
3. [가치 3]: [가치에 대한 정의 및 이유]

브랜드 개성:

- 성격 특성: [3~5개 특성]
- 만약 브랜드가 사람이라면: [구체적 묘사]
- 브랜드 아키타입: [영웅, 현자, 탐험가 등]

브랜드 스토리:

- 시작 (Why): [동기와 목적]
- 여정 (How): [극복한 도전과 학습]
- 비전 (What): [추구하는 미래와 임팩트]

브랜드 톤/보이스:

- 어조: [예: 따뜻하지만 전문적]
- 단어 선택: [사용할/피할 단어 목록]
- 문장 구조: [짧고 직접적/풍부하고 설명적]

> **비주얼 요소:**
> - 색상 팔레트: [주요 2~3색, 보조 2~3색]
> - 폰트: [헤드라인용, 본문용]
> - 이미지 스타일: [밝고 활기찬/심플하고 미니멀 등]

성공 사례:

박성민 변호사는 AI 분석을 통해 '복잡한 법률 정보를 인간적인 스토리로 풀어내는 능력'이 자신의 강점임을 발견했다. 이를 바탕으로 "법률의 인간화"라는 핵심 가치와 "당신 곁의 법률 스토리텔러"라는 브랜드 개성을 정립했다. 그의 콘텐츠는 법조계에서는 드문 스토리텔링 접근법으로 차별화되어 6개월 만에 온라인 인지도가 300% 증가했다.

가치 제안(VP) 구체화하기

가치 제안(VP)은 '당신이 청중에게 어떤 가치를 제공하는가'를 명확히 한다. AI를 활용해 강력한 VP를 구축해 보자.

VP 구축 4단계 프로세스:

1. 타깃 오디언스 정의
   - AI 데이터 분석으로 현재 콘텐츠에 가장 반응하는 오디언스 파악
   - 주요 인구통계학적 특성 및 심리적 특성 정의
2. 문제/니즈 파악
   - AI를 활용해 타깃 오디언스의 주요 공통점과 열망 분석
   - 해결해줄 수 있는 구체적인 문제 3~5가지 리스트업
3. 고유한 해결책 정의
   - 자신의 강점과 타깃의 니즈가 만나는 교차점 찾기

- 경쟁자와 차별화된 접근법 구체화

4. 가치 제안문 작성
   - AI 라이팅 어시스턴트로 간결하고 강력한 가치 제안문 개발
   - 주요 혜택과 차별점을 명확히 커뮤니케이션

AI 활용 VP 워크시트 프롬프트

[브랜드명] 가치 제안 워크시트를 생성해 주세요.

타깃 오디언스:

- 주요 인구통계: [연령, 직업, 위치 등]
- 심리적 특성: [가치관, 목표, 두려움 등]
- 온라인 행동 패턴: [주로 사용하는 플랫폼, 소비하는 콘텐츠 유형]

문제/니즈:

1. [문제 1]: [상세 설명 및 현재 해결 시도]
2. [문제 2]: [상세 설명 및 현재 해결 시도]
3. [문제 3]: [상세 설명 및 현재 해결 시도]

고유한 해결책:

- [강점 1]을 활용한 [문제 1] 해결 방법
- [강점 2]를 활용한 [문제 2] 해결 방법
- [강점 3]을 활용한 [문제 3] 해결 방법

경쟁 차별화:

- 경쟁자들이 놓치고 있는 부분: [차별화 포인트]
- 나만의 독특한 접근법: [구체적 방법론]

가치 제안문:

- [타깃]을 위해, [브랜드명]은 [핵심 차별점]을 통해 [주요 혜택]을 제공합니다.
- 다른 [경쟁 대안]과 달리, 우리는 [독특한 가치]를 제공합니다.

성공 사례:

김준호 웹 개발자는 AI 분석을 통해 자신이 "기술적 개념을 비전공자도 이해할 수 있게 설명하는 능력"이 뛰어나다는 것을 발견했다. 그는 "IT 비전공 창업가"를 타깃 오디언스로 정의하고, "코딩 없이도 자신의 웹사이트를 이해하고 관리할 수 있는 능력"이라는 명확한 가치 제안을 수립했다. 그 결과 6개월 만에 월 5건의 웹 개발 컨설팅 의뢰를 받게 되었다.

ChatGPT 활용:
"내 강점과 차별성 찾기" 프롬프트 제공

AI를 활용한 자기 분석을 시작하기 위한 실용적인 ChatGPT 프롬프트 템플릿을 제공하니 단계별로 활용해 보자.

단계 1: 강점 발견 프롬프트

> 당신은 퍼스널 브랜딩 전문가로서 내 강점과 차별점을 객관적으로 분석해 주는 역할을 해 주세요.
>
> 다음은 내가 작성한 [블로그 글/SNS 포스팅/전문 콘텐츠] 샘플입니다:
> [콘텐츠 샘플 5~10개 붙여넣기]
>
> 이 콘텐츠를 바탕으로:
> 1. 내 글쓰기/커뮤니케이션 스타일의 특징 5가지를 분석해 주세요.
> 2. 내가 가장 열정적으로 다루는 주제와 가장 전문성이 드러

나는 주제를 파악해 주세요.
3. 내가 다른 [직업/산업] 종사자들과 다른 독특한 관점이나 접근법을 찾아주세요.
4. 내 콘텐츠에서 가장 자주 사용하는 설명 방식이나 프레임워크가 있다면 알려주세요.
5. 내 브랜딩에 활용할 수 있는 가장 두드러진 강점 3가지를 제안해 주세요.

단계 2: 타깃 오디언스 분석 프롬프트

당신은 데이터 기반 마케팅 전문가입니다. 내 콘텐츠에 가장 잘 반응할 타깃 오디언스를 파악해주세요.

다음은 내가 가진 강점 3가지입니다:
1. [AI 분석을 통해 발견한 강점 1]
2. [AI 분석을 통해 발견한 강점 2]
3. [AI 분석을 통해 발견한 강점 3]

다음은 내가 주로 다루는 주제와 산업 분야입니다:
[관련 정보 제공]

이를 바탕으로:
1. 내 강점과 전문성에 가장 큰 가치를 느낄 수 있는 타깃 오디언스의 구체적인 페르소나 2~3개를 개발해주세요
2. 각 페르소나가 가진 주요 문제점이나 니즈 3가지를 설명해 주세요

3. 내 강점이 각 페르소나의 문제를 어떻게 해결할 수 있는지 연결해주세요
4. 이 타깃층이 주로 사용하는 플랫폼과 소비하는 콘텐츠 유형을 제안해주세요
5. 각 페르소나에게 어필할 수 있는 가치 제안 문구를 작성해 주세요

단계 3: 브랜드 아이덴티티 개발 프롬프트

당신은 브랜딩 전문가입니다. 내 강점과 타깃 오디언스를 바탕으로 일관된 브랜드 아이덴티티를 개발해 주세요.

내 강점:
[발견한 강점 나열]

내 타깃 오디언스:
[정의한 타깃 오디언스 정보]

내 가치 제안:
[개발한 가치 제안]

이를 바탕으로:
1. 내 브랜드를 3~5개의 핵심 가치나 원칙으로 정의해 주세요.
2. 내 브랜드 개성을 구체적인 성격과 특성으로 설명해 주세요.

3. 내 브랜드 스토리의 핵심 요소와 내러티브 구조를 제안해 주세요.
4. 내 콘텐츠에 일관되게 적용할 수 있는 톤/보이스 가이드라인을 작성해 주세요.
5. 내 브랜드에 어울리는 시각적 요소(색상, 스타일, 이미지 톤)를 제안해 주세요.
6. 위 요소들을 종합한 간결한 브랜드 매니페스토를 작성해 주세요.

단계 4: 실행 계획 수립 프롬프트

당신은 전략적 브랜드 컨설턴트입니다. 내가 개발한 브랜드 아이덴티티를 바탕으로 구체적인 실행 계획을 제안해 주세요.

내 브랜드 아이덴티티:
[개발한 브랜드 아이덴티티 정보]

내 가용 시간과 자원:
주당 콘텐츠 제작에 투자할 수 있는 시간: [시간]
활용 가능한 플랫폼: [플랫폼 목록]
보유 기술: [기술 목록]

이를 바탕으로:
1. 내 브랜드를 구축하기 위한 30/60/90일 실행 계획을 수립해 주세요.
2. 주요 콘텐츠 기둥(content pillars) 3~5개를 제안하고, 각

기둥에 맞는 콘텐츠 아이디어 5개씩 제시해 주세요.
3. 시간을 효율적으로 활용할 수 있는 콘텐츠 제작 및 배포 워크플로우를 설계해 주세요.
4. 내 브랜드 성장을 측정할 수 있는 주요 KPI와 측정 방법을 제안해 주세요.
5. 내 브랜드의 다음 성장 단계를 위한 확장 전략을 제안해 주세요.

실행 팁:

이 프롬프트는 기본 템플릿이므로, 자신의 상황에 맞게 수정하면 된다. 특히 자신의 산업이나 직업에 맞는 구체적인 요소를 추가하면 더 정확한 결과를 얻을 수 있다.

프롬프트:

"

나의 강점과 차별성을 찾기 위한 분석을 해줘.

"

다음은 실제로 활용할 수 있는 고급 프롬프트 템플릿이다. 이 프롬프트는 제가 수십 년간 클라이언트를 대상으로 진행한 결과값에 AI를 접목해 개발하고 검증한 것으로, 자신의 진정한 강점을 발견하는 데 매우 효과적일 것이다.

완전한 자기 분석 마스터 프롬프트

> 당신은 데이터 기반 퍼스널 브랜딩 전문가입니다. 내가 제공하는 정보를 심층 분석하여 나의 진정한 강점과 차별성을 발견해 주세요.
>
> **# 제공 정보**
>
> **## 나의 콘텐츠 샘플**
>
> [블로그 글, SNS 포스팅, 업무 문서 등 5~10개 샘플 붙여넣기]
>
> **## 받은 피드백**
>
> [동료, 상사, 고객 등에게 받은 피드백 붙여넣기]

경력 및 배경
[간략한 이력, 주요 성과, 전문 분야 등 설명]

관심사 및 가치관
[개인적 관심사, 중요하게 생각하는 가치, 미션 등 설명]

분석 요청
다음 단계에 따라 체계적인 분석을 제공해 주세요:

1단계: 커뮤니케이션 패턴 분석
- 내 글쓰기/소통 스타일의 주요 특징 5가지
- 가장 자주 사용하는 표현 방식과 비유/예시 유형
- 내 커뮤니케이션의 강점과 독특한 특성

2단계: 주제 및 전문성 분석
- 내가 가장 열정을 보이는 주제 영역 3가지
- 가장 깊은 지식과 통찰력을 보여주는 영역 3가지
- 내 관점이 가장 독특하고 차별화되는 주제 3가지

3단계: 핵심 강점 도출
- 위 분석을 종합한 나의 핵심 강점 3~5가지
- 각 강점이 드러난 구체적인 증거와 예시
- 이 강점들이 어떻게 시너지를 이루는지 설명

4단계: 차별화 요소 정의

- 내 분야에서 나를 독특하게 만드는 요소 3가지
- 내 배경, 경험, 관점의 독특한 조합이 만드는 차별점
- 경쟁자들과 비교했을 때 나만의 틈새(niche) 제안

5단계: 전략적 권장 사항
- 발견된 강점을 극대화할 수 있는 브랜딩 방향 제안
- 내 강점에 가장 적합한 타깃 오디언스 프로필
- 내 차별점을 효과적으로 커뮤니케이션할 수 있는 메시지 프레임워크
- 다음 단계로 취해야 할 구체적인 액션 3가지

추가 요청
- 모든 분석에 구체적인 예시와 증거를 포함해 주세요.
- 주관적 판단보다 제공된 데이터에서 관찰 가능한 패턴에 집중해 주세요.
- 일반적인 조언이 아닌, 나에게 특화된 구체적인 인사이트를 제공해 주세요.

한 단계 더:

이 프롬프트로 받은 결과를 다시 다른 AI 모델(예: 다른 버전의 ChatGPT나 Claude)에게 검토하도록 요청하여 더욱 객관적인 검증을 받아보면 좋다.

프롬프트 활용 사례: 김미영의 경험

마케팅 매니저 김미영(35세)은 10년간의 경력에도 불구하고 자신의 핵심 강점을 명확히 파악하지 못해 직장 내 승진과 외부 인지도

구축에 어려움을 겪고 있었다. 그녀는 위 프롬프트를 활용해 자신의 보고서, 프레젠테이션, 이메일, SNS 게시물 등을 분석했다. AI의 분석 결과는 놀라웠다:

AI 분석 결과 (일부):

핵심 강점:

1. **'데이터 스토리텔링'**: 미영님은 복잡한 데이터를 감성적 내러티브로 변환하는 특별한 능력을 갖고 있습니다. 특히 '숫자에 얼굴을 그리는 능력'이라고 표현할 수 있는 이 강점은 보고서 #3과 프레젠테이션 #2에서 두드러집니다.
2. **'크로스 인더스트리 인사이트'**: 미영님은 서로 다른 산업군의 개념을 연결하여 혁신적인 마케팅 전략을 도출하는 능력이 탁월합니다. 패션 업계 사례를 B2B 소프트웨어에 적용한 사례(문서 #5)가 대표적입니다.
3. **'공감적 고객 중심주의'**: 미영님은 단순한 인구통계를 넘어 고객의 심리적, 감정적 여정을 깊이 이해하고 이를 전략에 반영합니다. 이메일 #2와 캠페인 기획서 #4에서 이 능력이 명확히 드러납니다.

차별화 요소:

미영님의 가장 큰 차별점은 '데이터 사이언티스트의 분석력'과 '스토리텔러의 감성'을 결합한 독특한 접근법입니다. 대부분의 마케터가 둘 중 하나에 치우치는 반면, 미영님은 두 영역을 균형 있게 결합합니다.

이 분석을 바탕으로 미영은 "데이터에 영혼을 불어넣는 마케터"라는 브랜드 아이덴티티를 구축했고, "데이터 스토리텔링을 통한 마케팅 ROI 극대화"라는 가치 제안을 개발했다.

결과적으로 그녀는 6개월 내에 회사에서 '데이터 스토리텔링' 워크숍을 주도하게 되었고, 산업 컨퍼런스에서 스피커로 초청받아 자신만의 전문성을 인정받게 되었다.

체크리스트:

내 브랜드 핵심 가치 정의

당신의 퍼스널 브랜드 구축 여정에서 첫 번째 단계를 완료했는지 확인하기 위한 체크리스트다. 모든 항목을 체크할 수 있을 때까지 프로세스를 반복하면 된다.

자기 분석 완료 체크리스트

- 최소 10개 이상의 콘텐츠 샘플을 수집하고 AI에 분석 요청함
- 3개 이상의 다른 프롬프트/접근법으로 분석을 교차 검증함
- 발견된 강점이 구체적인 증거와 예시로 뒷받침됨
- 동료/멘토 5명 이상에게 발견된 강점을 검증받음
- 핵심 강점 3~5개를 명확하게 문서화함

브랜드 아이덴티티(BI) 개발 체크리스트

- 3~5개의 핵심 브랜드 가치를 정의함
- 브랜드 개성을 구체적인 특성으로 표현함
- 브랜드 스토리를 명확한 내러티브로 구성함
- 일관된 브랜드 톤/보이스 가이드라인을 수립함

- 브랜드에 적합한 시각적 요소(색상, 스타일)를 정의함

가치 제안(VP) 개발 체크리스트

- 내 강점에 가장 적합한 타깃 오디언스를 명확히 정의함
- 타깃 오디언스의 주요 문제/니즈 3~5개를 파악함
- 내 강점이 이러한 문제를 해결하는 방법을 구체화함
- 경쟁자와의 차별화 요소를 명확히 정의함
- 간결하고 강력한 가치 제안문을 작성함

실행 준비 체크리스트

- 브랜드 아이덴티티와 가치 제안을 원페이지 문서로 정리함
- 3~5개의 주요 콘텐츠 기둥(content pillars)을 정의함
- 30/60/90일 실행 계획을 수립함
- 브랜드 성장을 측정할 KPI를 설정함
- 첫 번째 콘텐츠/프로젝트를 계획함

성공 팁:

이 체크리스트를 완료하는 데 최소 1~2주의 시간을 투자해야 한다. 자기 분석과 브랜드 기초 작업은 서두르지 않는 것이 중요하다. 탄탄한 기초 위에서만 강력한 브랜드를 구축할 수 있다.

축하한다!

이제 당신은 AI를 활용하여 자신의 진정한 강점을 발견하고, 그것을 기반으로 브랜드 DNA를 구축하는 방법을 배웠다. 이것은 7D 퍼스널 브랜딩 프로세스의 첫 번째 단계인 'Discover Myself'를 성공적으로 완료한 것이다.

다음 장에서는 두 번째 단계인 'Define & Design Identity'에 대해 알아보겠다. 이 단계에서는 발견한 브랜드 DNA를 시각적, 언어적 요소로 표현하는 방법을 배우게 될 것이다.

기억하라. AI는 당신을 대체하는 것이 아니라, 당신의 진정한 강점을 발견하고 극대화하는 도구라는 것을. 자신만의 독특한 강점을 발견하고 그것을 세상과 공유할 준비가 되었는가? 지금 바로 첫 번째 단계를 시작해 보라.

"인간은 자신을 모른다.
AI는 우리가 남긴 데이터를 통해 우리를 더 잘 이해할 수 있다."
- 카이푸 리 (AI 전문가, 전 구글 차이나 대표)

제4장

Define & Design Identity: 브랜드 아이덴티티 구축

에피소드 4:

"사람들은 당신을 3초 안에 기억하는가?"

"요즘 자기소개를 할 때마다 뭔가 막힌다고 해야 하나… 다른 사람들은 자기를 어떻게 소개하는 걸까요?" 디지털 마케팅 에이전시에서 일하는 이지민(28세)은 화상 회의가 끝난 후 한숨을 내쉬었다. 새로운 클라이언트와의 첫 미팅에서 그녀는 또 한 번 자신을 제대로 소개하지 못했다. 이력은 화려했지만, 첫인상에서 깊은 인상을 남기지 못하는 것이 늘 고민이었다.

"어떻게 하면 사람들이 나를 쉽게 기억할 수 있을까?" 그녀는 우연히 온라인 세미나에서 '3초 브랜드 각인'에 관한 내용을 듣게 되었다. 하버드 비즈니스 스쿨의 연구에 따르면, 사람들은 단 3초 만에 상대방에 대한 첫인상을 형성하고, 이 짧은 순간에 신뢰성, 능력, 친화력에 대한 판단을 내린다는 것이었다.

"3초라니, 그동안 뭘 어떻게 전달해야 하지?" 지민은 AI 챗봇에 자신의 이력서와 과거 프로젝트 경험을 입력하고 효과적인 자기소개 방법을 물었다.

"지민님의 프로젝트를 분석해 보니, '복잡한 브랜드 메시지를 시각적 스토리텔링으로 변환하는 능력'이 특히 두드러집니다. 가장 성공적이었던 세 프로젝트는 모두 추상적인 가치를 구체적인 시각 언어로 번역한 사례군요. 자기소개에서 이 강점을 중심으로 한 구체적 성과를 언급하면 효과적일 것 같습니다."

AI의 제안을 바탕으로 지민은 새로운 자기소개를 준비했다: "안녕하세요, 저는 이지민입니다. 저는 브랜드의 추상적 가치를 시각적 스토리로 변환해 매출을 직접 증대시키는 디지털 마케터입니다. 최근 프로젝트에서는 헬스케어 스타트업의 복잡한 기술을 이해하기 쉬운 비주얼 스토리로 재구성해 전환율을 43% 높였습니다. 혹시 귀사의 브랜드 메시지가 고객에게 충분히 공감을 얻고 있나요?"

이 새로운 자기소개를 다음 네트워킹 이벤트에서 사용했을 때, 놀라운 변화가 일어났다. 사람들이 그녀의 소개에 즉각적인 관심을 보였고, 대화가 끝난 후에도 세 명이나 명함을 건네며 추가 미팅을 요청했다.

"단 3초 만에 나를 인상적으로 소개하는 것이 이렇게 큰 차이를 만들 줄 몰랐어요. 이제 자기소개가 더 이상 두렵지 않습니다. 오히려 기회로 느껴져요."

우리는 매일 수백 개의 정보에 노출된다. 그중에서 기억에 남는 것은 단 3%에 불과하다. 당신의 브랜드가 그 3% 안에 들어가려면, 첫 3초가 결정적이다.

Define & Design(아이덴티티 정의 & 설계)_2단계(7D)

효과적인 자기소개를 위한 3초 브랜드 각인 공식

3초 자기소개 설계 프레임워크

효과적인 자기소개는 다음 세 가지 질문에 3초 안에 답할 수 있어야 한다:

1. 당신은 누구인가? (**정체성**)
2. 어떤 문제를 해결하는가? (**가치 제안**)
3. 왜 당신이어야 하는가? (**차별화 포인트**)

자기소개 공식: 4P 모델

1. Problem (**문제**): 당신이 해결하는 핵심 문제
2. Promise (**약속**): 당신이 제공하는 구체적 솔루션
3. Proof (**증명**): 당신의 능력을 증명하는 실적/숫자
4. Prompt (**촉진**): 대화를 이어갈 질문이나 행동 유도

FAB 한 문장 자기소개법

FAB(Feature-Advantage-Benefit) 모델은 제품 마케팅에서 자주 사용되는 기법으로, 이를 자기소개에 적용하면 강력한 첫인상을 남

길 수 있다:

1. Feature (**특징**): 당신이 누구인지, 직업/전문 분야/정체성
2. Advantage (**장점**): 당신이 무엇을 하는지, 어떤 방식으로 일하는지
3. Benefit (**혜택**): 상대방이 얻게 될 구체적인 가치와 혜택

FAB 자기소개 구조:

"저는 [Feature: 당신이 누구인지]로서, [Advantage: 무엇을 어떻게 하는지]를 통해 [Benefit: 어떤 혜택을 제공하는지]합니다."

예시: "저는 데이터 기반 마케팅 전략가로서, 소비자 행동 패턴을 심층 분석하여 귀사의 전환율을 평균 32% 향상시키는 캠페인을 설계합니다."

18초 자기소개법

18초 자기소개법은 시간의 흐름(미래-과거-현재)을 따라 구성되어 완전한 스토리를 전달한다:

1. **미래의 혜택 약속**: 상대방이 얻게 될 궁극적 가치
2. **과거의 성과와 증명**: 당신의 능력을 입증하는 구체적 실적
3. **현재의 문제 해결**: 현재 상대방이 겪는 문제와 당신의 해결책

18초 자기소개 구조:

[미래: 제공할 혜택 약속]. [과거: 입증된 성과와 경험]. [현재: 상대방의 현재 문제와 해결 방법].

예시: "고객의 브랜드 인지도를 단 3개월 만에 두 배로 높이는 소셜 미디어 전략을 설계해 드립니다. 지난해 5개 스타트업의 온라인 존재감을 평균 143% 향상시킨 경험이 있습니다. 요즘 많은 기업이

소셜 미디어 알고리즘 변화에 대응하지 못해 어려움을 겪고 있는데, 제가 개발한 적응형 콘텐츠 시스템으로 이 문제를 해결해 드릴 수 있습니다."

자기소개 실행 프롬프트

> **상황별 자기소개 개발을 위한 AI 프롬프트:**
>
> 다음은 내 브랜드 DNA입니다:
> [브랜드 아이덴티티와 가치 제안 요약]
>
> 이를 바탕으로 다음 상황에 맞는 자기소개를 4P 모델 (Problem, Promise, Proof, Prompt)로 작성해 주세요:
> 1. 15초 엘리베이터 피치
> 2. 1분 네트워킹 이벤트 소개
> 3. 온라인 프로필용 2~3문장 소개
> 4. 프레젠테이션/강연 전 소개
> 5. 잠재 고객/클라이언트 미팅 소개
>
> 각 버전은 상황에 맞게 조정되어야 하지만, 핵심 브랜드 메시지를 일관되게 전달해야 합니다.
>
> **FAB 모델 자기소개 개발을 위한 AI 프롬프트:**
>
> 당신은 퍼스널 브랜딩 전문가입니다.
> 내 정보를 바탕으로 FAB(Feature-Advantage-Benefit) 모델

을 사용한 강력한 한 문장 자기소개를 개발해 주세요.

내 정보
- 직업/전문 분야: [당신의 직업/분야]
- 핵심 역량: [당신의 주요 역량 3가지]
- 차별화 포인트: [경쟁자와 구별되는 접근법/방식]
- 제공하는 주요 가치: [고객/청중에게 제공하는 핵심 가치]
- 타깃 오디언스: [주요 타깃 그룹]

요청 사항
다음 FAB 구조에 맞는 간결하면서도 강력한 한 문장 자기소개를 개발해 주세요:
1. Feature(특징): 내가 누구인지, 어떤 전문가인지 명확히 정의
2. Advantage(장점): 내가 무엇을 어떻게 하는지, 내 방식/접근법의 독특함
3. Benefit(혜택): 상대방이 얻게 될 구체적인 가치와 결과

다음 상황별로 각각 다른 버전을 개발해 주세요:
- 비즈니스 네트워킹 이벤트용
- 소셜 미디어 프로필용
- 고객/클라이언트 미팅용
- 컨퍼런스 연사 소개용

각 버전마다 왜 그 표현이 해당 상황에 효과적인지 간략한 설명을 추가해 주세요.

18초 자기소개 개발을 위한 AI 프롬프트:

당신은 퍼스널 브랜딩 전문가입니다. 내 정보를 바탕으로 '18초 자기소개법'을 활용한 효과적인 자기소개를 개발해 주세요.

내 정보
- 직업/전문 분야: [당신의 직업/분야]
- 주요 성과/실적: [구체적인 숫자와 함께 기재]
- 주요 전문성: [전문 영역 3가지]
- 현재 산업/시장의 주요 문제: [타깃이 직면한 2~3가지 문제]
- 내가 제공하는 솔루션: [문제 해결 방식]
- 타깃 오디언스: [주요 타깃 그룹]

요청 사항
다음 '18초 자기소개법' 구조에 맞는 자기소개를 개발해 주세요:
1. 미래의 혜택 약속: 상대방이 나를 통해 얻게 될 궁극적 가치와 혜택
2. 과거의 성과 증명: 내 능력을 입증하는 구체적 실적과 경험
3. 현재 문제 해결: 상대방이 현재 직면한 문제와 내가 제공할 해결책

다음 상황별로 각각 다른 버전을 개발해 주세요:
- 첫 비즈니스 미팅용
- 컨퍼런스 네트워킹용
- 투자자/의사결정자 미팅용

> - 온라인 이벤트 자기소개용
>
> 각 자기소개는 정확히 18초 내외로 읽을 수 있는 길이여야 하며, 구체적인 숫자와 성과를 포함해야 합니다. 또한 각 버전별로 해당 상황에서 이 자기소개가 왜 효과적인지 간략한 설명을 추가해 주세요.

자기소개 연습 및 최적화

완벽한 자기소개는 지속적인 연습과 피드백을 통해 발전한다. 다음 단계를 따르라:

1. **녹음 & 분석**: 자기소개를 녹음하고 AI 분석 도구로 평가
2. **피드백 수집**: 신뢰할 수 있는 동료/멘토에게 구체적 피드백 요청
3. **A/B 테스트**: 서로 다른 버전을 실제 상황에서 테스트하고 반응 비교
4. **지속적 개선**: 새로운 성과와 데이터를 바탕으로 정기적 업데이트

Define: AI로 브랜드 네이밍 & 스토리텔링 구축하기

---

1. AI 기반 브랜드 네이밍: 기억에 남는 이름의 과학

브랜드 네이밍은 단순히 멋진 이름을 짓는 것이 아니라, 당신의 핵심 가치와 차별점을 함축적으로 담아내는 전략적 과정이다. AI를 활용한 네이밍 프로세스는 다음과 같다:

단계 1: 핵심 가치 키워드 추출

AI를 활용해 당신의 브랜드 DNA에서 핵심 키워드를 추출한다. 이는 당신이 앞서 발견한 강점과 가치 제안에서 도출된다.

> **AI 프롬프트 예시:**
>
> 다음은 내 브랜드 DNA입니다:
> [브랜드 아이덴티티와 가치 제안 정보]
>
> 이를 바탕으로:

> 1. 내 브랜드의 핵심을 표현하는 키워드 20개를 추출해 주세요.
> 2. 각 키워드에 대한 관련 단어, 동의어, 연관 개념을 5개씩 제안해 주세요.
> 3. 이 중 가장 강력하고 차별화된 상위 5개 키워드를 선별해 주세요.

단계 2: 브랜드 네이밍 전략 수립 & 네임 후보 생성

먼저 어떤 유형의 브랜드 이름이 필요한지 전략을 세워야 한다:

- 개인명 기반: 자신의 이름을 브랜드화 (예: 게리 바이너척, 마리 포레오)
- 전문성 기반: 전문 분야를 강조 (예: 디지털 마케팅 프로, 코드 위저드)
- 은유적 접근: 가치나 비전을 상징 (예: 애플, 나이키)
- 조합 접근: 여러 요소 결합 (예: 마인드밸리, 디지털오션)

> **AI 프롬프트 예시1:**
>
> 당신은 브랜드 네이밍 전문가입니다. 내 퍼스널 브랜드에 가장 적합한 네이밍 전략을 추천해 주세요.
>
> 내 정보:
>
> - 강점/전문성: [발견한 강점 및 전문 분야]
> - 타깃 오디언스: [정의한 타깃 오디언스]
> - 브랜드 가치: [핵심 브랜드 가치 3~5가지]
> - 장기 비전: [향후 5년간의 브랜드 비전]

각 네이밍 전략(개인명 기반, 전문성 기반, 은유적 접근, 조합 접근)의 장단점을 분석하고, 내 상황에 가장 적합한 전략과 그 이유를 설명해 주세요.

AI 프롬프트 예시 2:

다음 키워드를 바탕으로 내 퍼스널 브랜드/서비스 이름 후보를 생성해 주세요:

[선별된 키워드 5개]

다음 네이밍 유형별로 각 5개씩 제안해 주세요:

1. 설명적 이름 (직관적으로 제공하는 가치를 알 수 있는)
2. 조어/합성어 (두 개념의 조합)
3. 은유적 이름 (간접적으로 가치를 암시하는)
4. 약어/두문자어
5. 독특한 단어나 의미 변형

각 이름에 대해 간략한 설명과 함께 어떤 키워드에서 영감을 받았는지 설명해 주세요.

AI 프롬프트 예시 3:

당신은 창의적인 네이밍 전문가입니다. 내 퍼스널 브랜드에 적합한 이름 아이디어를 다양하게 제안해 주세요.

네이밍 전략: [선택한 전략]

핵심 키워드: [관련 키워드 5~10개]

브랜드 톤/보이스: [원하는 브랜드 이미지: 전문적, 친근한, 혁신적 등]

제한사항: [피해야 할 요소, 길이 제한 등]

다음 카테고리별로 각 5개씩, 총 20개의 네임 아이디어를 제안해 주세요:

1. 기억하기 쉬운 이름
2. 의미가 담긴 이름
3. 독특하고 차별화된 이름
4. 미래 확장성을 고려한 이름

각 이름에 대해 간략한 의미나 배경 설명도 함께 제공해 주세요.

단계 3: 네임 평가 및 검증

생성된 후보군을 AI를 통해 다양한 기준으로 평가하고 최적의 옵션을 선별한다.

검증 기준 체크리스트:

- 발음하기 쉬운가?
- 기억하기 쉬운가?
- 철자가 명확한가?
- 핵심 가치와 연결되는가?
- 타깃 오디언스에게 어필하는가?
- 도메인 및 소셜 미디어 계정을 확보할 수 있는가?
- 법적 문제(상표권 등)는 없는가?

- 부정적 의미나 연상이 없는가?
- 미래 사업 확장에 제약이 없는가?

AI 프롬프트 예시:

당신은 브랜드 네이밍 전략 컨설턴트입니다. 제가 고려 중인 브랜드 이름 후보들을 객관적으로 평가해 주세요.

브랜드 이름 후보:

1. [이름 1]
2. [이름 2]
3. [이름 3]

...

각 이름에 대해 다음 기준으로 1~10점 척도로 평가해 주세요:

- 기억 용이성: 얼마나 쉽게 기억되는가.
- 발음 용이성: 얼마나 말하기 쉬운가.
- 의미 연관성: 브랜드 가치와 얼마나 연결되는가.
- 차별성: 경쟁사와 얼마나 구별되는가.
- 확장성: 미래 성장에 얼마나 적합한가.
- 디지털 적합성: 온라인 사용에 얼마나 적합한가.

또한 각 이름의 잠재적 장단점과 가장 추천하는 이름 1~2개를 선정해 그 이유를 설명해 주세요.

단계 4: 스토리 연결성 검토

강력한 브랜드 스토리는 단순한 자기소개를 넘어 청중과 감정적으로 연결되는 통로다. AI를 활용한 스토리텔링 구축 프로세스는 다음과 같다:

스토리 연결성 검토

최종 후보 이름들이 당신의 브랜드 스토리와 얼마나 잘 연결되는지 확인한다.

> **AI 활용 스토리 연결성 프롬프트 예시:**
>
> 당신은 브랜드 스토리텔링 전문가입니다. 제가 고려 중인 브랜드 이름들이 내 브랜드 스토리와 어떻게 연결될 수 있는지 분석해 주세요.
>
> 내 브랜드 스토리 요약:
> [당신의 배경, 미션, 비전 등 브랜드 스토리 요약]
>
> 최종 후보 브랜드 이름:
> 1. [이름 1]
> 2. [이름 2]
> 3. [이름 3]
>
> 각 이름이:
> 1. 내 브랜드 스토리의 어떤 요소를 가장 잘 반영하는지
> 2. 이 이름으로 어떤 브랜드 내러티브를 구축할 수 있는지
> 3. 고객이 이 이름을 통해 어떤 스토리를 연상하게 될지

4. 이름이 브랜드 스토리를 얼마나 잘 지원하고 강화하는지

자세히 분석해 주세요.

단계 5: 최종 선택 및 테스트

2~3개의 최종 후보를 선정하고, 실제 타깃 오디언스에게 테스트한다.

- 5~10명의 타깃 오디언스에게 후보 이름들을 보여주고 피드백 수집
- 소규모 소셜 미디어 테스트 광고로 반응 확인
- 가까운 멘토나 전문가에게 의견 요청

성공 사례:

재무 컨설턴트 박지민은 "돈 전문가"라는 일반적인 브랜딩에서 AI 분석을 통해 발견한 자신의 강점(복잡한 재무 개념을 일상 언어로 설명하는 능력)을 바탕으로 "머니 트랜슬레이터"라는 브랜드 네임을 개발했다. 이 이름은 그녀의 핵심 차별점을 명확히 전달하면서도 기억에 남았고, 6개월 만에 그녀의 뉴스레터 구독자가 450명에서 3,200명으로 증가했다.

2. AI 기반 브랜드 스토리텔링 구축: 기억에 남는 내러티브 구축

강력한 브랜드 이름을 선택했다면, 이제 당신의 브랜드를 둘러싼 매력적인 스토리를 개발할 차례다. AI를 활용한 브랜드 스토리텔링 프로세스를 따라해 보자.

단계 1: 브랜드 스토리 구조 설계

모든 강력한 스토리에는 보편적인 패턴이 있다. AI를 활용해 당신만의 여정을 효과적인 스토리 구조로 변환한다.

> **AI 프롬프트 예시1:**
>
> 내 경험과 브랜드를 스토리로 구성하고 싶습니다:
> [주요 경험, 전환점, 성취 등 정보]
>
> 다음 스토리 구조로 내 브랜드 내러티브를 구성해 주세요:
> 1. 출발점: 나의 시작과 동기
> 2. 도전: 직면한 주요 장애물이나 문제
> 3. 통찰: 깨달음을 얻은 결정적 순간
> 4. 변화: 어떻게 접근법이나 관점이 바뀌었는지
> 5. 가치: 이를 통해 어떤 고유한 가치를 제공하게 되었는지
> 6. 비전: 이 여정이 미래에 어떻게 확장될 것인지
>
> 각 부분은 구체적인 에피소드나 사례로 뒷받침되어야 합니다.

고전적인 '영웅의 여정' 구조를 기반으로 당신만의 브랜드 내러티브를 설계해 보자.

브랜드 스토리 구조 템플릿:

효과적인 브랜드 스토리는 명확한 구조를 따른다.

1. **평범한 세계:** 당신이 시작한 상황과 배경
2. **모험의 부름:** 변화나 도전의 순간
3. **거부와 저항:** 초기의 두려움이나 의심

4. **멘토의 만남**: 당신에게 영향을 준 인물이나 사건
5. **시련의 과정**: 극복한 어려움과 배운 교훈
6. **보상과 통찰**: 얻은 특별한 지식이나 관점
7. **귀환과 변화**: 그 지식을 어떻게 활용하는지
8. **공유와 영향**: 타깃 오디언스에게 전하는 가치

AI 활용 내러티브 구조 프롬프트 예시2:

당신은 브랜드 내러티브 전문가입니다. 영웅의 여정 구조를 활용하여 내 브랜드 스토리의 구체적인 내러티브를 구성해 주세요.

추출된 핵심 스토리 요소:

- 원점 스토리: [선택한 원점 스토리]
- 갈등/도전: [선택한 갈등/도전]
- 통찰/깨달음: [선택한 통찰/깨달음]
- 미션/비전: [선택한 미션/비전]
- 타깃 오디언스: [정의된 타깃 오디언스]

영웅의 여정 8단계에 맞춰 내 브랜드 스토리의 구체적인 내러티브 흐름을 구성해 주세요. 각 단계가 자연스럽게 연결되고, 감정적 울림이 있으면서도 타깃 오디언스와 연결될 수 있는 스토리를 만들어주세요.

또한 이 스토리를:

1. 30초 버전 (엘리베이터 피치)
2. 2분 버전 (소개 영상/바이오용)

> 3. 5분 버전 (웹사이트/어바웃 페이지용)
> 세 가지 길이로 각각 작성해 주세요.

단계 2: 브랜드 스토리 핵심 요소 정의

모든 강력한 브랜드 스토리는 다음 핵심 요소를 포함한다:

- **원점 스토리**: 당신이 이 여정을 시작하게 된 계기
- **갈등/도전**: 극복한 장애물과 어려움
- **통찰/깨달음**: 여정 중 얻은 중요한 깨달음
- **미션/비전**: 당신이 세상에 가져오려는 변화
- **고객 역할**: 고객이 당신 스토리의 어떤 부분을 차지하는지

> **AI 활용 스토리 요소 추출 프롬프트:**
>
> 당신은 브랜드 스토리텔링 전문가입니다. 내 경험과 배경에서 강력한 브랜드 스토리의 요소들을 추출해 주세요.
>
> 내 배경 정보:
> [당신의 전문 분야 경력, 주요 성취, 전환점, 가치관 등 상세 정보]
>
> 다음 브랜드 스토리 요소에 대해 내 경험에서 가장 강력하고 관련성 높은 내용을 추출해 주세요:
> 1. 원점 스토리: 내가 이 분야/여정을 시작하게 된 가장 매력적인 계기
> 2. 갈등/도전: 극복한 가장 인상적인 장애물이나 도전
> 3. 통찰/깨달음: 여정에서 얻은 가장 독특하고 가치 있는 깨달음

4. 미션/비전: 내가 추구하는 변화나 영향력의 가장 영감을 주는 측면
5. 고객 역할: 내 타깃 오디언스가 이 스토리에서 차지할 수 있는 가장 매력적인 역할

각 요소에 대해 2~3개의 옵션을 제안하고, 스토리텔링의 관점에서 각 옵션의 장단점을 분석해 주세요.

단계 3: 스토리텔링 기법 적용

좋은 스토리는 단순한 사실 나열이 아닌 감정적 연결을 만든다. 다음 스토리텔링 기법을 적용해 보자:

- **감각적 디테일**: 시각, 청각, 촉각 등 감각적 요소 추가
- **감정적 대비**: 어려움과 승리의 감정적 대비 강조
- **보편적 진실**: 모두가 공감할 수 있는 보편적 진실 포함
- **구체적 사례**: 추상적 개념보다 구체적 사례 활용
- **열린 결말**: 독자/청중이 스토리에 참여할 여지 남기기

AI 활용 스토리텔링 향상 프롬프트:

당신은 내러티브 개선 전문가입니다. 제 브랜드 스토리를 더 감정적이고 몰입도 높게 개선해 주세요.

현재 브랜드 스토리:
[작성한 브랜드 스토리]

다음 스토리텔링 기법을 적용해 스토리를 강화해 주세요:

> 1. 감각적 디테일: 시각, 청각, 촉각 등 감각적 요소를 추가해 더 생생하게 만들기
> 2. 감정적 대비: 도전과 극복의 감정적 대비를 더 강조하기
> 3. 보편적 진실: 타깃 오디언스가 공감할 수 있는 보편적 진실 포함하기
> 4. 구체적 사례: 추상적 개념을 구체적 사례로 대체하기
> 5. 열린 질문: 독자/청중이 스토리에 참여할 수 있는 질문이나 요소 추가하기
>
> 개선된 버전에서는 원래 내용의 사실은 유지하되, 더 매력적이고 기억에 남는 방식으로 표현해 주세요.

단계 4: 브랜드 메시지 추출 및 프레임워크 개발

완성된 스토리에서 핵심 브랜드 메시지를 추출한다. 이 메시지는 다양한 마케팅 자료에 일관되게 적용될 것이다.

브랜드 메시지 구성 요소:

- **헤드라인**: 당신의 브랜드를 한 문장으로 표현
- **태그라인**: 기억에 남는 짧은 문구
- **핵심 가치 제안**: 당신이 제공하는 주요 혜택
- **증명 포인트**: 당신의 가치 제안을 뒷받침하는 증거
- **행동 유도**: 타깃 오디언스가 취해야 할 다음 단계

> **AI 활용 메시지 추출 프롬프트:**
>
> 당신은 브랜드 메시지 전문가입니다. 제 브랜드 스토리에서 강

력한 마케팅 메시지를 추출해 주세요.

내 브랜드 스토리:

[완성된 브랜드 스토리]

타깃 오디언스:

[정의된 타깃 오디언스]

다음 브랜드 메시지 요소를 추출/개발해 주세요:

1. 헤드라인 (3~5개 옵션): 브랜드를 한 문장으로 표현하는 강력한 문장
2. 태그라인 (3~5개 옵션): 기억에 남는 짧은 2~6단어 문구
3. 핵심 가치 제안 (2~3개): 내가 타깃 오디언스에게 제공하는 주요 혜택
4. 증명 포인트 (3~5개): 가치 제안을 뒷받침하는 구체적 증거나 차별점
5. 행동 유도 문구 (3개): 타깃 오디언스를 다음 단계로 이끄는 명확한 CTA

각 요소별로 여러 옵션을 제시하고, 가장 효과적인 옵션에 대한 추천과 그 이유를 설명해 주세요.

성공 사례:

마케팅 전문가 김태호는 AI를 활용해 자신의 과거 경험(대기업에서 스타트업으로 전환하며 겪은 어려움과 해결책)을 바탕으로 "비즈니스 번역가: 기업 언어를 고객 언어로 번역하는 마케팅 전문가"

라는 브랜드 스토리와 메시지를 개발했다. 이 명확한 스토리텔링 덕분에 그의 LinkedIn 프로필 방문이 250% 증가했고, 3개월 안에 두 개의 스타트업 자문 계약을 체결할 수 있었다.

브랜드 메시지 프레임워크

스토리에서 도출된 핵심 메시지를 다양한 상황에 맞게 조정할 수 있는 프레임워크를 개발한다.

> **AI 프롬프트 예시:**
>
> 내 브랜드 스토리를 바탕으로, 다음 상황별 메시지 프레임워크를 개발해 주세요:
> 1. 엘리베이터 피치 (30초)
> 2. 소셜 미디어 바이오 (150자 이내)
> 3. 웹사이트 소개 (300자 내외)
> 4. 네트워킹 이벤트 자기소개 (1분)
> 5. 강연/인터뷰 소개 (2분)
>
> 각 버전은 동일한 핵심 메시지를 담되, 상황에 맞는 포맷과 강조점을 가져야 합니다.

단계 5: 스토리 검증 및 최적화

개발된 스토리와 메시지를 다양한 관점에서 검증하고 최적화한다.

AI 프롬프트 예시:

내 브랜드 스토리와 메시지를 다음 관점에서 검토해 주세요:

1. 공감대 형성: 타깃 오디언스가 공감할 수 있는 요소는 무엇인가?
2. 진정성: 어떤 부분이 가장 진정성 있게 느껴지는가?
3. 차별화: 어떤 요소가 경쟁자와 가장 차별화되는가?
4. 일관성: 스토리와 브랜드 가치가 일관되게 연결되는가?
5. 기억성: 가장 기억에 남을 만한 요소는 무엇인가?

각 관점에서 개선 제안 사항과 함께 평가해 주세요.

"로고만 바꿨을 뿐인데, 반응이 이렇게 달라질 줄은 몰랐어요."

프리랜서 그래픽 디자이너 이하은(29세)은 노트북 화면을 놀란 눈으로 바라봤다. 지난달까지 그녀의 포트폴리오 웹사이트 방문자는 월평균 200명 수준이었다. 그런데 AI를 활용해 브랜드 아이덴티티를 재정비한 후, 방문자 수가 800명으로 급증했다.

하은은 3년간 프리랜서로 활동하며 뛰어난 작업물을 만들었지만, 항상 경쟁에서 뒤처지는 느낌이었다. 더 실력이 뛰어난 디자이너들도 많았고, 가격 경쟁력으로는 해외 프리랜서들을 이길 수 없었다.

"뭔가 변화가 필요했어요. 제 디자인 스타일은 좋았지만, 사람들이 저를 기억하지 못했거든요."

그녀는 AI 브랜딩 전문가의 조언을 듣고 자신의 브랜드 아이덴티티를 완전히 재구성하기로 했다. 먼저 ChatGPT와 Midjourney를 활용해 자신만의 독특한 시각적 정체성을 개발했다.

"AI가 분석한 결과, 제 작업물은 '도시적 미니멀리즘에 자연적 요소를 가미한 스타일'이 가장 두드러졌어요. 이를 바탕으로 '도시 속 정원사'라는 브랜드 콘셉트를 개발했죠."

하은은 이 콘셉트에 맞춰 모노크롬의 도시 건물 실루엣과 생동감 있는 그린 컬러의 식물 요소를 결합한 로고를 디자인했다. 웹사이트, 명함, 소셜 미디어 모든 접점에 일관된 비주얼 아이덴티티를 적용했다.

"가장 놀라운 변화는 클라이언트들의 반응이었어요. 이전에는 '디자인 좀 해주세요'라는 요청을 받았지만, 이제는 '하은님만의 도시적이면서 자연스러운 감성이 필요해요'라고 연락이 옵니다."

재정비 3개월 만에 하은의 프로젝트 의뢰는 월 2~3건에서 8~10건으로 증가했고, 프로젝트 단가도 30% 상승했다. 무엇보다 그녀는 이제 경쟁 입찰에서 가격이 아닌 '하은만의 스타일'로 선택받게 되었다.

"사람들이 저를 3초 만에 기억할 수 있게 된 거죠. AI가 제 작업의 패턴을 분석하고 핵심을 추출해 줬기 때문에 가능했어요. 제가 그동안 미처 보지 못했던 제 자신의 독특함을 AI가 발견해 줬습니다."

"당신의 브랜드는 사람들이 당신에 대해 말하는 것이다.
만약 사람들이 당신에 대해 아무 말도 하지 않는다면,
당신은 브랜드가 아니라 그저 상품일 뿐이다."

-제프 베조스

AI 이미지 생성 툴을 활용한 브랜드 비주얼 제작

시각적 브랜드 아이덴티티의 중요성

첫인상의 90% 이상은 시각적 요소에 의해 형성된다. 강력한 브랜드 네임과 스토리를 개발했다면, 이제 이를 시각적으로 표현할 비주얼 아이덴티티를 만들 차례다. AI 이미지 생성 도구를 활용하면 전문 디자이너를 고용하지 않고도 퀄리티 높은 비주얼을 만들 수 있다.

주요 시각적 브랜드 요소 개발

1. 브랜드 무드보드 생성

AI 이미지 생성 툴을 활용해 당신의 브랜드 감성을 시각화한다.

> **AI 프롬프트 예시 (DALL-E, Midjourney 등):**
>
> 내 브랜드는 다음과 같은 특성을 가지고 있습니다:
> [브랜드 가치, 개성, 색감 등 설명]
>
> 이 특성을 반영한 브랜드 무드보드를 생성해주세요. 다음 요소를 포

함해야 합니다:
- 주요 색상 팔레트
- 보조 색상 팔레트
- 텍스처와 패턴
- 이미지 스타일과 톤
- 분위기와 감성

2. 로고 및 시각적 상징 개발

AI 도구를 활용해 브랜드 로고 및 상징 아이콘을 개발한다.

AI 프롬프트 예시:

내 브랜드는 [브랜드 설명]입니다.
핵심 가치는 [가치 1, 가치 2, 가치 3]입니다.

다음 스타일의 미니멀한 로고/심볼 디자인을 생성해 주세요:
- 모노그램/이니셜 기반 디자인
- 추상적 심볼 디자인
- 상징적 아이콘 디자인
- 타이포그래피 기반 디자인

각 디자인은 심플하고 확장성 있으며, 다양한 크기와 배경에서
도 인식 가능해야 합니다.

3. 브랜드 스타일 가이드 개발

AI를 활용해 일관된 시각적 아이덴티티를 위한 스타일 가이드를

개발한다.

> **AI 프롬프트 예시:**
>
> 내 브랜드 시각적 요소를 바탕으로 간결한 스타일 가이드를 작성해주세요:
>
> 1. 로고 사용 가이드라인 (최소 크기, 여백, 변형 등)
> 2. 색상 팔레트 (HEX, RGB, CMYK 값 포함)
> 3. 타이포그래피 (제목, 본문, 강조 텍스트용 폰트)
> 4. 이미지 스타일 (사진, 일러스트레이션, 그래픽 등)
> 5. 소셜 미디어 프로필 및 커버 이미지 가이드라인
> 6. 프레젠테이션 및 문서 템플릿 가이드라인
>
> 이 가이드는 간결하면서도 포괄적이어야 합니다.

AI 이미지 생성 도구를 활용한 비주얼 자산 제작:

Midjourney나 DALL-E 같은 AI 이미지 생성 도구를 활용해 다음 비주얼 자산을 제작해 보자:

1. **브랜드 무드보드**: 브랜드 감성을 전달하는 비주얼 콜라주
2. **소셜 미디어 템플릿**: 프로필 이미지, 커버 이미지, 포스트 템플릿
3. **웹사이트 그래픽 요소**: 헤더 이미지, 배경 패턴, 섹션 구분선 등
4. **프레젠테이션 템플릿**: 타이틀 슬라이드, 본문 슬라이드 디자인
5. **마케팅 자료**: 배너, 포스터, 이메일 헤더 등

효과적인 비주얼 자산 생성 프롬프트 템플릿:

> **AI 프롬프트 예시:**
>
> [자산 유형], [브랜드명]의 [브랜드 개성] 스타일, [색상 팔레트 정보], [주요 시각적 모티프], [분위기/톤], [용도], [해상도/비율]
>
> 소셜 미디어 배너, "디자인마인드" 브랜드의 미니멀하고 현대적인 스타일, 청록색(#2A9D8F)과 남색(#264653) 색상 팔레트, 연결성을 상징하는 부드러운 곡선 라인 포함, 전문적이면서도 창의적인 분위기, LinkedIn 커버 이미지용, 1584x396 픽셀 비율

성공 사례:

프리랜서 작가 이수진은 AI를 활용해 "스토리크래프터"라는 브랜드 아이덴티티를 개발했다. Midjourney로 생성한 깃펜과 현대적 타이포그래피를 결합한 로고, 차분한 네이비블루와 골드 색상 조합의 비주얼 시스템을 구축했다. 이전에는 저예산으로 전문적인 브랜딩을 갖추기 어려웠지만, AI 도구를 활용해 고급스러운 브랜드 이미지를 구축할 수 있었다. 이를 통해 기업 고객들의 인식이 개선되어 2개월 만에 단가를 30% 인상하고도 클라이언트 수를 유지할 수 있었다.

AI 퍼스널 브랜딩의 차별화 전략

단계 1: 경쟁 분석 및 포지셔닝

AI를 활용해 경쟁 환경을 분석하고 차별화된 포지셔닝을 개발한다.

> **AI 프롬프트 예시:**
>
> 당신은 시장 및 경쟁 분석 전문가입니다. 내 브랜드와 유사한 분야의 주요 경쟁자들을 분석해 주세요.
>
> 내 정보:
> - 분야/산업: [당신의 분야/산업]
> - 핵심 서비스/제품: [당신이 제공하는 서비스/제품]
> - 타깃 오디언스: [타깃 오디언스 정보]
> - 브랜드 포지셔닝: [현재의 브랜드 포지셔닝]
>
> 다음 경쟁자들에 대한 분석을 제공해 주세요:

[경쟁자 1 이름/링크]

[경쟁자 2 이름/링크]

[경쟁자 3 이름/링크]

…

각 경쟁자에 대해 다음 요소를 분석해 주세요:

1. 브랜드 아이덴티티 (네이밍, 비주얼, 메시지)
2. 콘텐츠 전략 (주요 주제, 형식, 톤/보이스)
3. 채널 전략 (주로 활용하는 플랫폼과 활동)
4. 타깃 오디언스 (누구를 대상으로 하는지)
5. 강점과 약점
6. 차별화 포인트 (어떻게 자신들을 차별화하는지)

또한 전체 시장에서 발견되는 주요 패턴, 틈새 기회, 그리고 내가 차별화할 수 있는 잠재적 영역 가지, 경쟁자와 구별되는 명확한 포지셔닝 문구를 개발해 주세요.

단계 2: 경쟁 매핑 매트릭스:

경쟁자들의 위치를 시각화하는 매트릭스를 만든다. 가로축과 세로축을 산업에 중요한 두 가지 차원으로 정의하고, 경쟁자들의 위치를 표시한다.

AI 활용 경쟁 매핑 프롬프트:

당신은 브랜드 포지셔닝 전문가입니다. 내 산업에서 경쟁자들을 매핑할 수 있는 2x2 매트릭스를 설계해 주세요.

> **내 산업: [당신의 산업/분야]**
>
> 주요 경쟁자: [분석한 경쟁자 목록]
>
> 1. 내 산업에서 브랜드 포지셔닝을 구분하는 가장 중요한 두 가지 차원(축)은 무엇인지 제안해 주세요.
> 2. 이 두 축을 사용한 2x2 매트릭스를 설명하고, 각 사분면이 의미하는 포지셔닝을 설명해 주세요.
> 3. 분석한 경쟁자들을 이 매트릭스 상에 위치시키고, 그 이유를 설명해 주세요.
> 4. 이 매트릭스에서 상대적으로 덜 포화된 영역이나 기회가 있는 영역을 파악해 주세요.
> 5. 내 브랜드가 차별화를 위해 위치할 수 있는 최적의 위치를 제안하고, 그 이유를 설명해 주세요.

단계 3: 차별화 전략 개발

경쟁 환경을 분석했다면, 이제 당신만의 독특한 차별화 전략을 개발해 보겠다.

차별화 가능 영역 7가지:

1. **전문성 차별화**: 특정 틈새 분야에 초점
2. **방법론 차별화**: 독특한 접근 방식이나 프로세스
3. **타깃 차별화**: 특정 오디언스 세그먼트에 집중
4. **인격 차별화**: 독특한 개성이나 브랜드 목소리
5. **결과 차별화**: 독특한 결과나 성과 약속
6. **형식 차별화**: 독특한 콘텐츠 형식이나 전달 방식
7. **가치관 차별화**: 특별한 미션이나 가치관 강조

AI 활용 차별화 전략 프롬프트:

당신은 브랜드 차별화 전략 전문가입니다. 내 브랜드를 경쟁자들과 효과적으로 차별화할 수 있는 전략을 개발해 주세요.

내 정보:

- 브랜드명: [브랜드명]
- 강점: [발견한 핵심 강점 3~5가지]
- 타깃 오디언스: [정의한 타깃 오디언스]
- 경쟁 환경: [경쟁 분석 요약]

다음 차별화 영역별로 내 브랜드에 적용 가능한 구체적인 전략을 제안해 주세요:

1. 전문성 차별화: 내가 집중할 수 있는 틈새 전문 영역과 이를 어떻게 커뮤니케이션할 수 있는지
2. 방법론 차별화: 내가 개발하거나 강조할 수 있는 독특한 접근 방식이나 프로세스
3. 타깃 차별화: 경쟁자들이 간과하는 특정 오디언스 세그먼트와 그들의 니즈
4. 인격 차별화: 내 브랜드에 적합한 독특한 목소리나 톤
5. 결과 차별화: 내가 약속하고 제공할 수 있는 독특한 결과나 성과
6. 형식 차별화: 내 콘텐츠나 서비스를 차별화할 수 있는 독특한 형식이나 전달 방식
7. 가치관 차별화: 내 브랜드를 차별화할 수 있는 미션이나 가치관

각 영역에 대해 2~3개의 구체적인 전략을 제안하고, 그 중 내 브랜드에 가장 적합하고 강력한 차별화 포인트가 될 수 있는 3가지 전략을 최종 추천해 주세요. 각 추천에 대한 실행 방법도 간략히 설명해 주세요.

단계 4: 차별화 포인트 검증

개발한 차별화 전략이 실제로 타깃 오디언스에게 의미 있고 경쟁에서 우위를 점할 수 있는지 검증해 보겠다.

차별화 포인트 검증 질문:

1. **소유 가능성**: 이 차별점을 내가 진정으로 소유하고 입증할 수 있는가?
2. **관련성**: 이 차별점이 타깃 오디언스에게 실제로 중요한가?
3. **독특성**: 이 차별점이 경쟁자들과 충분히 구별되는가?
4. **커뮤니케이션 용이성**: 이 차별점을 쉽고 명확하게 전달할 수 있는가?
5. **지속 가능성**: 이 차별점을 장기적으로 유지하고 강화할 수 있는가?

AI 활용 차별화 검증 프롬프트:

당신은 브랜드 전략 컨설턴트입니다. 내가 고려 중인 차별화 전략들을 객관적으로 평가해 주세요.

고려 중인 차별화 전략:

1. [차별화 전략 1]

2. [차별화 전략 2]

3. [차별화 전략 3]

각 전략에 대해 다음 기준으로 1~10점 척도로 평가해 주세요:

- 소유 가능성: 얼마나 진정성 있게 소유하고 입증할 수 있는가?
- 타깃 관련성: 타깃 오디언스에게 얼마나 중요하고 가치 있는가?
- 경쟁 차별성: 경쟁자들과 얼마나 명확히 구별되는가?
- 커뮤니케이션 용이성: 얼마나 쉽고 명확하게 전달할 수 있는가?
- 지속 가능성: 장기적으로 얼마나 유지하고 강화할 수 있는가?

또한 각 전략의 잠재적 장단점, 예상되는 도전 과제, 그리고 전략을 효과적으로 실행하기 위한 구체적인 조언도 제공해 주세요.

마지막으로, 평가 결과를 바탕으로 가장 추천하는 차별화 전략과 그 이유를 설명해 주세요.

단계 5: 차별화 전략 커뮤니케이션 계획

선택한 차별화 전략을 효과적으로 전달하기 위한 커뮤니케이션 계획을 수립해 보겠다.

차별화 전략 커뮤니케이션 계획 프롬프트 예시 1:

차별화 전략 커뮤니케이션 계획

핵심 차별화 포인트: [선택한 주요 차별화 포인트]

1. 메시지 전략

- 핵심 메시지: [차별화 포인트를 한 문장으로 표현]
- 지원 포인트: [핵심 메시지를 뒷받침하는 3가지 주요 포인트]
- 증명 요소: [차별화 포인트를 입증하는 구체적 증거/사례]

2. 채널별 커뮤니케이션 전략

- 웹사이트: [웹사이트에서 차별화 포인트를 어떻게 표현할지]
- 소셜 미디어: [각 소셜 플랫폼별 차별화 메시지 전달 방식]
- 콘텐츠 마케팅: [차별화를 강조할 콘텐츠 유형 및 주제]
- 1:1 커뮤니케이션: [미팅/이메일 등에서 차별화 전달 방식]

3. 시각적 커뮤니케이션 전략

- 차별화를 강조할 시각적 요소: [로고, 색상, 이미지 등]
- 차별화를 표현할 시각적 콘텐츠 유형: [인포그래픽, 비디오 등]

4. 실행 일정

- 즉시 실행 항목: [1주일 내 실행할 항목]
- 단기 실행 항목: [1개월 내 실행할 항목]
- 중기 실행 항목: [3개월 내 실행할 항목]

AI 활용 커뮤니케이션 계획 프롬프트 2:

당신은 브랜드 커뮤니케이션 전략가입니다. 내 차별화 전략을 효과적으로 전달하기 위한 종합적인 커뮤니케이션 계획을 개발해 주세요.

선택한 차별화 전략: [최종 선택한 차별화 전략]
타깃 오디언스: [타깃 오디언스 정보]
주요 커뮤니케이션 채널: [활용 예정인 주요 채널]

다음 내용을 포함한 커뮤니케이션 계획을 개발해 주세요:

1. 메시지 프레임워크
- 핵심 차별화 메시지 (한 문장)
- 지원 메시지 3가지와 각각에 대한 증명 포인트
- 타깃 오디언스의 주요 반론이나 의구심에 대한 대응 방안

2. 채널별 커뮤니케이션 전략
- 각 채널(웹사이트, LinkedIn, Twitter, 이메일 등)에서 차별화 메시지를 어떻게 표현할지
- 각 채널에 적합한 콘텐츠 형식과 빈도
- 채널 간 일관성 유지 방안

3. 차별화를 입증하기 위한 콘텐츠 전략
- 차별화 포인트를 강조할 수 있는 콘텐츠 아이디어 5~10개
- 각 콘텐츠의 목적, 형식, 배포 채널
- 콘텐츠 제작 우선순위와 일정

4. 시각적 커뮤니케이션 전략

> - 차별화를 시각적으로 표현하는 방법
> - 주요 시각적 자산 개발 계획
>
> **5. 30/60/90일 실행 계획**
> - 단계별 실행 항목과 예상 결과
> - 성과 측정 방법과 KPI
>
> 구체적이고 실행 가능한 계획을 제시해 주세요.

성공 사례:
마케팅 컨설턴트 박지영은 AI 분석을 통해 자신의 강점이 "데이터 기반 결정과 창의적 실행의 균형"에 있음을 발견했다. 이를 바탕으로 "데이터와 직관의 통합자"라는 차별화 전략을 수립했다. 그녀는 이 차별화 포인트를 강조하기 위해 "데이터-인사이트-실행" 프레임워크를 개발하고, 이를 모든 콘텐츠와 프레젠테이션에 일관되게 적용했다. 그 결과 6개월 만에 클라이언트 문의가 70% 증가했고, 프로젝트 단가를 40% 인상할 수 있었다.

일관된 브랜드 경험 구축

AI를 활용해 온/오프라인 전반에 걸친 일관된 브랜드 경험을 설계한다.

> **AI 프롬프트 예시:**
>
> 내 브랜드가 다음 접점에서 일관된 경험을 제공할 수 있는 방법을 제안해 주세요:
>
> 1. 온라인 프로필 (웹사이트, 소셜 미디어, 링크드인 등)

2. 이메일 커뮤니케이션

3. 대면 네트워킹 및 미팅

4. 프레젠테이션 및 강연

5. 인쇄물 및 명함

6. 동영상 콘텐츠

각 접점에서:

- 핵심 브랜드 메시지는 어떻게 전달되어야 하는지

- 시각적 요소는 어떻게 적용되어야 하는지

- 어떤 고유한 가치를 제공해야 하는지

- 일관성을 유지하면서도 각 매체의 특성을 살리는 방법

구체적인 예시와 함께 제안해 주세요.

프롬프트:

"

나의 브랜드 아이덴티티를 정리해 줘.

"

지금까지 개발한 브랜드 아이덴티티 요소들을 하나의 일관된 문서로 정리하는 프롬프트다. 이 문서는 향후 모든 브랜드 활동의 기준이 될 것이다.

AI 프롬프트 예시:

> 당신은 브랜드 아이덴티티 전문가입니다. 지금까지 개발한 내 브랜드 요소들을 종합적인 브랜드 아이덴티티 가이드로 정리해 주세요.
>
> **[브랜드명]에 대한 정보:**
>
> **1. 브랜드 기본 요소**
> - 브랜드명: [선택한 브랜드명]
> - 태그라인: [개발한 태그라인]
> - 브랜드 스토리 요약: [브랜드 스토리 핵심 요약]
>
> **2. 핵심 메시지**

- 핵심 가치 제안: [핵심 가치 제안]
- 브랜드 가치: [3~5개 핵심 가치]
- 브랜드 개성: [정의한 브랜드 개성]
- 차별화 포인트: [주요 차별화 포인트]

3. 비주얼 아이덴티티

- 로고: [로고 설명 및 사용 가이드]
- 색상 팔레트: [주요/보조/중립 색상 HEX 코드]
- 타이포그래피: [선택한 서체 및 사용 가이드]
- 이미지 스타일: [사진/일러스트레이션 스타일 가이드]

4. 커뮤니케이션 가이드

- 브랜드 톤/보이스: [브랜드 커뮤니케이션 어조]
- 언어 사용 가이드: [사용할/피할 표현 등]
- 소셜 미디어 표현 가이드: [채널별 커뮤니케이션 방식]

위 정보를 바탕으로 다음을 포함한 종합적인 브랜드 아이덴티티 가이드를 작성해 주세요:

1. 브랜드 개요 섹션: 브랜드 철학, 미션, 비전, 타깃 오디언스
2. 브랜드 표현 섹션: 로고, 색상, 타이포그래피, 이미지 사용 가이드
3. 브랜드 메시지 섹션: 핵심 메시지, 가치 제안, 커뮤니케이션 톤/보이스
4. 브랜드 응용 섹션: 소셜 미디어, 웹사이트, 명함 등 응용 예시

실용적이고 참조하기 쉬운 문서 형태로 작성해 주세요.

이 프롬프트를 통해 얻은 브랜드 아이덴티티 가이드는 향후 모든 브랜딩 활동의 기준이 될 것입니다. 이 문서를 정기적으로 참조하

고 업데이트하면서 일관된 브랜드 경험을 제공하세요.

실행 프롬프트 모음

브랜드 아이덴티티 개발 마스터 프롬프트

당신은 브랜드 전략 전문가입니다. 내가 제공하는 정보를 바탕으로 강력한 브랜드 아이덴티티를 개발해 주세요.

 # 기본 정보

내 강점

[AI 분석을 통해 발견한 강점 3~5가지]

타깃 오디언스

[타깃 오디언스 설명]

제공 가치

[제공하는 주요 가치/해결하는 문제]

 # 요청 사항

다음 단계에 따라 체계적인 브랜드 개발을 진행해 주세요:

1단계: 브랜드 핵심 요소 정의

- 미션 문장 (내가 하는 일)
- 비전 문장 (추구하는 미래)
- 핵심 가치 3~5가지 (내 행동 원칙)

- 브랜드 개성 특성 5가지 (형용사로)
- 브랜드 아키타입 (영웅, 현자, 창조자 등)

2단계: 차별화 전략 개발

- 시장에서 나를 독특하게 만드는 요소 3가지
- 경쟁자들과의 주요 차별점
- 독보적인 가치 제안 개발

3단계: 브랜드 표현 요소

- 브랜드 네임 후보 5개 (의미 설명 포함)
- 브랜드 슬로건/태그라인 3개
- 브랜드 스토리 구조 (Hero's Journey 형식)
- 톤/보이스 가이드라인
- 시각적 브랜드 방향성 (색상, 이미지 스타일 등)

4단계: 커뮤니케이션 프레임워크

- 핵심 메시지 3가지
- 15초/30초/60초 자기소개 스크립트
- 주요 콘텐츠 기둥(content pillars) 5가지
- 브랜드 스토리 커뮤니케이션 전략

추가 요청

- 모든 제안에 구체적인 이유와 전략적 근거를 포함해 주세요
- 브랜드 요소들 간의 일관성을 유지해 주세요
- 시장에서 차별화될 수 있는 대담하고 기억에 남는 브랜드를 제안해 주세요

자기소개 마스터 프롬프트

당신은 퍼스널 브랜딩 전문가입니다. 내가 제공하는 정보를 바탕으로 강력한 자기소개를 개발해 주세요.

기본 정보

내 브랜드 DNA

[브랜드 아이덴티티와 가치 제안 요약]

타깃 대상

[주요 타깃 오디언스 설명]

상황 설명

[자기소개가 필요한 상황/문맥]

요청 사항

다음 요소를 포함한 강력한 자기소개를 개발해 주세요:

1. 첫 문장 임팩트: 3초 내에 주의를 끌 수 있는 강력한 첫 문장
2. 핵심 문제 제시: 내가 해결하는 핵심 문제/니즈를 명확히 표현
3. 솔루션 설명: 내가 제공하는 솔루션과 접근법
4. 증명 요소: 나의 전문성을 증명하는 구체적인 성과나 숫자
5. 차별화 포인트: 경쟁자와 나를 구별하는 독특한 요소
6. 행동 촉구: 대화를 자연스럽게 이어갈 수 있는 질문이나 제안

다음 형식으로 다양한 자기소개를 개발해 주세요:

- 15초 버전 (엘리베이터 피치)

- 30초 버전 (네트워킹 이벤트)
- 60초 버전 (정식 소개)
- FAB 한 문장 자기소개 (Feature-Advantage-Benefit)
- 18초 자기소개 (미래-과거-현재 구조)

 # 추가 요청

- 각 버전은 핵심 메시지를 일관되게 전달하되, 길이와 형식에 맞게 조정해 주세요
- 자연스러운 대화 톤을 유지하면서도 임팩트 있는 표현을 사용해 주세요
- 업계 전문 용어는 최소화하고, 누구나 이해할 수 있는 명확한 언어를 사용해 주세요
- 각 자기소개 버전에 대한 사용 상황과 전략적 의도를 설명해 주세요
- FAB 자기소개는 당신이 누구인지(Feature), 무엇을 어떻게 하는지(Advantage), 어떤 혜택을 주는지(Benefit)를 한 문장에 담아 주세요
- 18초 자기소개는 미래의 혜택 약속, 과거의 성과 증명, 현재 문제 해결 순서로 구성해 주세요

체크리스트:

브랜드 아이덴티티 구축

브랜드 메시지 점검

- 핵심 가치가 명확하게 정의되어 있는가?
- 차별화 포인트가 구체적이고 증명 가능한가?
- 타깃 오디언스에게 명확한 가치를 제안하는가?
- 다양한 길이의 자기소개 버전이 준비되어 있는가?
- 메시지가 감정적 연결을 형성하는가?

시각적 요소 점검

- 브랜드 로고/심볼이 개발되었는가?
- 일관된 색상 팔레트가 정의되어 있는가?
- 타이포그래피 시스템이 구축되어 있는가?
- 이미지 스타일과 톤이 정의되어 있는가?
- 다양한 적용 상황에 맞는 변형이 준비되어 있는가?

일관성 점검

- 모든 플랫폼에서 일관된 메시지를 전달하는가?

- 시각적 요소가 일관되게 적용되고 있는가?
- 브랜드 스토리가 모든 커뮤니케이션에 일관되게 반영되는가?
- 온/오프라인 경험이 동일한 브랜드 약속을 전달하는가?

성공팁:

브랜드 아이덴티티 구축은 단순한 로고나 슬로건 개발을 넘어, 당신의 진정한 가치와 강점을 세상에 효과적으로 전달하는 총체적 과정이다. AI 시대의 퍼스널 브랜딩은 기술의 도움을 받아 더욱 정교해졌지만, 그 핵심에는 언제나 진정성과 일관성이 자리하고 있다.

3초 내에 사람들의 마음에 각인되는 강력한 자기소개는 단순한 기술이 아니라, 자신의 본질을 명확히 이해하고 그것을 효과적으로 전달하는 예술이다. 당신이 누구인지, 무엇을 제공하는지, 그리고 왜 당신이어야 하는지를 명확히 전달할 때, 비로소 사람들은 당신을 기억하게 된다.

축하한다!

이제 당신은 AI를 활용하여 당신만의 독특한 브랜드 아이덴티티를 구축하고, 그것을 3초 안에 사람들의 마음에 각인시키는 방법을 배웠다. 이것은 7D 퍼스널 브랜딩 프로세스의 두 번째 단계인 'Define & Design Identity'를 성공적으로 완료한 것이다.

당신의 브랜드 아이덴티티는 이제 단순한 로고나 색상 이상의 것이다. 그것은 당신의 강점, 가치, 그리고 차별점을 체계적으로 표현하는 종합적인 시스템이 되었다. 이 아이덴티티는 앞으로 모든 브랜딩 활동의 기준이 될 것이다. 브랜드 아이덴티티 구축은 일회성 이벤트가 아닌 지속적인 여정이라는 것을 기억하라.

이제 당신의 차례다. 자신감 있게 당신의 이야기를 세상에 들려주어라. 당신이 창조하는 첫인상은 단 3초에 불과하지만, 그 영향력은 평생 지속될 수 있다.

다음 장에서는 세 번째 단계인 'Digitalize'에 대해 알아보겠다. 이 단계에서는 구축한 브랜드 아이덴티티를 디지털 환경에 최적화하여 온라인 존재감을 확장하는 방법을 배우게 될 것이다.

당신의 브랜드 여정에 행운이 함께하길 바란다.

"사람들은 당신이 한 말을 잊겠지만,
당신이 그들에게 준 감정은 잊지 않는다."
- 마야 안젤루 (Maya Angelou, 시인 & 인권운동가)

제5장

Digitalize:
온라인 브랜드 확장

에피소드 5:

“SNS 알고리즘이 당신을 밀어주게 만드는 법”

“또 조회수가 10개밖에 안 나왔어… 이건 뭔가 잘못됐어.”

회계사 김현우(35세)는 좌절감에 한숨을 내쉬었다. 그는 6개월 전부터 ‘재테크 전문가’로 자리매김하기 위해 YouTube와 Instagram에서 활동을 시작했다. 전문성은 충분했지만, 콘텐츠의 반응은 형편없었다. 최대 조회수가 50회를 넘지 못했고, 팔로워는 겨우 127명이었다.

“나는 분명 좋은 정보를 제공하고 있는데, 왜 사람들이 내 콘텐츠를 발견하지 못하는 걸까?”

어느 날, 현우는 ‘AI 알고리즘 해킹’이라는 웨비나에 참가했다. 강사는 소셜 미디어 알고리즘이 어떻게 작동하는지, AI 도구를 활용해 어떻게 그것을 최적화할 수 있는지 설명했다.

“콘텐츠의 퀄리티는 기본이고, 진짜 중요한 건 데이터에 기반한 최적화예요. 특히 타이틀, 썸네일, 해시태그, 포스팅 시간 등이 핵심입니다.”

현우는 그날 배운 내용을 즉시 실행에 옮겼다. ChatGPT를 활용해 자신의 이전 콘텐츠를 분석하고, 타깃 키워드를 발굴했다.

Midjourney로 시선을 사로잡는 썸네일을 제작했다. 소셜 미디어 분석 도구를 통해 최적의 포스팅 시간을 파악했다.

2주 후, 놀라운 변화가 일어났다. '30대 직장인을 위한 세금 절약 팁 5가지'라는 영상의 조회수가 갑자기 2,000회를 넘어섰다. 팔로워도 하루 만에 50명이 증가했다.

"대체 무슨 일이 일어난 거지?"

현우는 분석 도구를 살펴봤다. 그의 영상이 YouTube 알고리즘에 의해 '추천 영상'으로 선정된 것이었다. 데이터를 자세히 살펴보니, 영상 시청 완료율이 이전 콘텐츠보다 두 배 높았고, 댓글 참여율도 크게 증가했다.

그는 이 패턴을 계속해서 반복했다. 매주 3개의 콘텐츠를 발행하되, 모든 콘텐츠는 AI 도구를 활용해 철저하게 최적화했다. 3개월 후, 그의 YouTube 구독자는 5,000명을 넘었고, Instagram 팔로워는 3,200명에 달했다.

가장 큰 변화는 수익이었다. 현우는 이제 월평균 250만 원의 부수입을 affiliate 마케팅과 유료 멤버십을 통해 창출하고 있었다. 더 놀라운 것은 그의 본업인 회계사 클라이언트도 SNS를 통해 월 2~3건씩 새롭게 유입된다는 점이었다.

"나의 전문성은 변하지 않았어. 달라진 건 그 전문성을 디지털 환경에 맞게 최적화하는 방법을 배웠다는 거야. AI 없이는 불가능했을 거야."

"좋은 콘텐츠를 만드는 것만으로는 부족하다.
그 콘텐츠가 올바른 사람들에게 발견되도록 하는 것이
진정한 디지털 마케팅의 예술이다."

- 게리 바이너척

Digitalize 디지털화_3단계(7D)

AI가 추천하는 맞춤형 SNS 전략

온라인에서 브랜드를 성공적으로 확장하기 위해서는 각 소셜 미디어 플랫폼의 특성과 알고리즘을 이해하고, 이에 최적화된 전략을 구사해야 한다. AI 도구를 활용하면 데이터에 기반한 맞춤형 SNS 전략을 수립할 수 있다. 아래 단계를 따라 자신만의 AI 기반 SNS 전략을 개발해 보자.

단계 1: 플랫폼 분석 및 선택

모든 플랫폼에 똑같이 노력을 투자하는 것은 비효율적이다. 당신의 브랜드와 목표에 가장 적합한 1~3개의 주요 플랫폼을 선택하라.

플랫폼 선택 매트릭스:

플랫폼	주요 오디언스	콘텐츠 형식	브랜드 적합성	성장 가능성	총점
LinkedIn	25~45세 전문가	텍스트, 이미지, 짧은 동영상	(1~10)	(1~10)	/40

Instagram	18~34세 시각적 콘텐츠 선호	이미지, 릴스, 스토리	(1~10)	(1~10)	/40
YouTube	전 연령층, 심층 콘텐츠 소비자	장/중/단형 동영상	(1~10)	(1~10)	/40
TikTok	Gen Z, 밀레니얼	짧은 동영상	(1~10)	(1~10)	/40
Twitter(X)	뉴스, 트렌드 관심층	짧은 텍스트, 이미지	(1~10)	(1~10)	/40

플랫폼 분석 프롬프트:

당신은 소셜 미디어 전략 전문가입니다. 내 브랜드와 목표에 가장 적합한 소셜 미디어 플랫폼을 분석해 주세요.

내 정보:

- 브랜드/분야: [당신의 브랜드나 전문 분야]
- 타깃 오디언스: [주요 타깃층의 연령, 직업, 관심사 등]
- 콘텐츠 유형: [주로 생산 가능한 콘텐츠 유형: 글, 이미지, 영상 등]
- 목표: [팔로워 확보, 웹사이트 트래픽, 리드 생성, 판매 등]
- 가용 시간: [주당 소셜 미디어에 투자 가능한 시간]

다음 소셜 미디어 플랫폼에 대해 1~10점 척도로 평가해 주세요:

1. LinkedIn
2. Instagram
3. YouTube
4. TikTok
5. Twitter (X)

6. Facebook (Meta)

7. Thread

8. 기타 관련 플랫폼

각 플랫폼에 대해 다음 항목을 평가해 주세요:

- 타깃 오디언스 일치도: 내 타깃 오디언스가 이 플랫폼에 얼마나 활발하게 존재하는가.
- 콘텐츠 적합성: 내 콘텐츠 유형이 이 플랫폼에 얼마나 적합한가.
- 경쟁 수준: 내 분야의 경쟁이 얼마나 치열한가(낮을수록 좋음).
- 성장 가능성: 이 플랫폼에서 내 브랜드가 성장할 가능성
- 목표 달성 효과: 내 목표 달성에 얼마나 효과적인가.

분석 결과를 바탕으로 내게 가장 적합한 2~3개의 플랫폼을 추천하고, 각 플랫폼의 장단점과 우선순위를 설명해 주세요.

플랫폼별 핵심 인사이트:

1. LinkedIn

- 강점: B2B, 전문 서비스, 사고 리더십
- 알고리즘 특성: 댓글이 많은 콘텐츠, 개인적 스토리, 인사이트 선호
- 최적 콘텐츠: 업계 인사이트, 사례 연구, 개인 성장 스토리

2. Instagram

- 강점: 시각적 브랜드, 라이프스타일, 제품 쇼케이스
- 알고리즘 특성: 참여율, 저장, 공유, 릴스 우선 노출
- 최적 콘텐츠: 고품질 이미지, 짧은 릴스, 스토리, 인포그래픽

3. YouTube

- 강점: 심층 교육, 튜토리얼, 장기 콘텐츠
- 알고리즘 특성: 시청 시간, 참여율, 검색 의도 중시
- 최적 콘텐츠: 하우투 영상, 시리즈 콘텐츠, 검색 최적화 콘텐츠

4. TikTok

- 강점: 트렌드, 바이럴 가능성, 젊은 층 타깃팅
- 알고리즘 특성: 첫 3초 참여도, 완료율, 댓글/공유 중시
- 최적 콘텐츠: 짧고 임팩트 있는 영상, 트렌드 참여, 에듀테인먼트

성공 사례:

세무사 이진영은 AI 분석을 통해 자신의 타깃 오디언스(30~45세 소상공인)가 주로 YouTube와 Instagram을 사용한다는 것을 발견했다. 그녀는 Instagram은 짧은 세금 팁과 체크리스트를, YouTube는 심층 세금 전략 영상을 공유하는 투 트랙 전략을 구사했다. 6개월 만에 YouTube 구독자 3,000명, Instagram 팔로워 2,500명을 확보했고, 이를 통해 월 평균 5건의 신규 컨설팅 의뢰를 받게 되었다.

단계 2: 알고리즘 최적화 전략 수립

각 플랫폼의 알고리즘은 서로 다르게 작동한다. 선택한 플랫폼의 알고리즘을 이해하고 이에 맞는 최적화 전략을 수립하라.

주요 플랫폼별 알고리즘 최적화 요소:

LinkedIn 알고리즘 최적화

- 핵심 지표: 댓글 수, 댓글 품질, 프로필 관련성

- 최적화 전략:
  - · 질문으로 포스트 시작하기
  - · 첫 시간 내 반응 유도하기(골든 타임)
  - · 산업 관련 해시태그 3~5개 사용하기
  - · 긴 형식의 개인 경험 공유하기
  - · 정기적으로 댓글에 응답하기

Instagram 알고리즘 최적화

- 핵심 지표: 참여율, 저장 수, DM 공유, 시청 완료율
- 최적화 전략:
  - · 매일 스토리 활용하기
  - · 주 2~3회 릴스 게시하기
  - · 콘텐츠에 CTA 포함하기(저장, 공유 요청)
  - · 관련 해시태그 15~20개 사용하기
  - · 캐러셀 포스트로 체류 시간 늘리기

YouTube 알고리즘 최적화

- 핵심 지표: 시청 시간, CTR, 참여율, 검색 관련성
- 최적화 전략:
  - · 첫 15초 내 가치 제안하기
  - · 매력적인 썸네일과 타이틀 활용하기
  - · 키워드 연구에 기반한 제목/설명 최적화
  - · 시청자 참여 유도하기(질문, 댓글 요청)
  - · 콘텐츠 시리즈로 관련 영상 시청 유도하기

AI 활용 알고리즘 최적화 프롬프트:

> 당신은 [플랫폼명] 알고리즘 최적화 전문가입니다. 내 계정과

콘텐츠를 위한 맞춤형 알고리즘 최적화 전략을 개발해 주세요.

내 정보:

- 계정: [계정명/링크]
- 분야: [전문 분야/업종]
- 타깃 오디언스: [주요 타깃층]
- 현재 성과: [현재 참여율, 도달률 등 지표]
- 주요 콘텐츠: [주로 게시하는 콘텐츠 유형]

다음 항목에 대한 맞춤형 최적화 전략을 제공해 주세요:

1. 콘텐츠 구성

- 최적의 콘텐츠 길이/형식
- 인트로/아웃트로 최적화 방법
- 참여율을 높이는 콘텐츠 구조

2. 타이밍 전략

- 최적의 게시 시간 및 빈도
- 골든 타임 활용 전략
- 시즌별/요일별 조정 사항

3. 참여 유도 전략

- 효과적인 콜투액션 문구
- 댓글/참여 유도 기법
- 커뮤니티 구축 전략

> **4. 키워드/해시태그 전략**
> - 추천 키워드 구조
> - 해시태그 사용 최적화
> - 검색 발견성 향상 방법
>
> **5. 성과 측정 및 조정**
> - 핵심 추적 지표
> - 성과 분석 주기
> - 데이터 기반 조정 프로세스
>
> 현재 [플랫폼명] 알고리즘에 기반한 실용적이고 구체적인 전략을 제공해 주세요. 이론보다는 즉시 실행 가능한 액션 아이템에 중점을 두어주세요.

실행 팁:
각 플랫폼의 알고리즘은 계속 변화한다. 2~3개월마다 위 프롬프트를 다시 활용해 최신 알고리즘 변화를 반영한 전략을 업데이트해야 한다.

단계 3: AI 기반 콘텐츠 캘린더 설계

산발적인 포스팅은 알고리즘 성과를 저하한다. 체계적인 콘텐츠 캘린더를 설계하여 일관성 있게 포스팅하라.

최적의 콘텐츠 캘린더 구조:
1. 콘텐츠 기둥 정의

- 3~5개의 주요 주제 영역 설정
- 각 기둥별 콘텐츠 비율 배분

2. 콘텐츠 유형 다양화
   - 교육형(하우투, 팁, 가이드)
   - 영감형(성공 사례, 인사이트)
   - 엔터테인먼트형(재미있는 콘텐츠, 챌린지)
   - 대화형(질문, 투표, 토론)
   - 판매형(제품/서비스 소개, 프로모션)
3. 콘텐츠 리사이클링 계획
   - 하나의 메인 콘텐츠에서 여러 마이크로 콘텐츠 제작
   - 플랫폼별 콘텐츠 재포맷팅 전략

AI 활용 콘텐츠 캘린더 프롬프트:

> 당신은 콘텐츠 전략 전문가입니다. 내 브랜드를 위한 30일 콘텐츠 캘린더를 개발해 주세요.
>
> **내 정보:**
> - 브랜드/분야: [당신의 브랜드/분야]
> - 주요 플랫폼: [선택한 1~3개 플랫폼]
> - 콘텐츠 기둥: [주요 콘텐츠 주제 3~5개]
> - 발행 가능 빈도: [주당 발행 가능한 콘텐츠 수]
>
> 다음 내용을 포함한 30일 콘텐츠 캘린더를 제작해 주세요:
>
> **1. 일별 콘텐츠 계획**

- 날짜
- 플랫폼
- 콘텐츠 유형(교육형, 영감형, 대화형 등)
- 콘텐츠 기둥/주제
- 구체적인 콘텐츠 아이디어/제목
- 핵심 키워드/해시태그

2. 전략적 배치

- 플랫폼별 최적 게시 시간
- 콘텐츠 유형 간 균형
- 참여율 극대화를 위한 배치

3. 콘텐츠 리사이클링 전략

- 하나의 콘텐츠를 여러 형태로 활용하는 방법
- 플랫폼 간 콘텐츠 재활용 계획

실용적이고 즉시 실행 가능한 계획을 제공해 주세요. 내 분야와 관련된 시기적절한 주제나 트렌드도 포함해주시면 좋겠습니다.

콘텐츠 캘린더 템플릿:

날짜	플랫폼	콘텐츠 유형	주제 기둥	제목/주제	키워드/ 해시태그	게시 시간	비고
5/1	Instagram	교육형	세금 팁	"알아두면 돈 버는 5월 세금 공제 항목"	#세금팁 #절세 #5월세금	오후 7시	인포그래픽 형식
5/3	YouTube	심층 가이드	투자 전략	"2024 하반기 투자 전략: 금리 인하와 주식 시장"	#투자전략, #금리인하, #주식투자	오전 11시	10~15분 분석 영상

5/5	LinkedIn	인사이트	재무 분석	"최근 금융 보고서에서 발견한 3가지 통찰"	#재무분석 #금융트렌드 #비즈니스인사이트	오전 8시	데이터 시각화 포함

성공 사례:

마케팅 컨설턴트 박지현은 AI를 활용해 콘텐츠 캘린더를 설계했다. 그녀는 '디지털 마케팅 전략', '브랜딩 인사이트', '성과 측정' 3개의 콘텐츠 기둥을 정의하고, LinkedIn에 주 3회, Instagram에 주 2회 콘텐츠를 게시하는 일정을 수립했다. 일관성 있는 포스팅 덕분에 3개월 만에 LinkedIn 참여율이 270% 증가했고, 알고리즘이 그녀의 콘텐츠를 더 자주 추천하기 시작했다.

단계 4: AI 콘텐츠 최적화 시스템 구축

콘텐츠 작성부터 발행까지 AI를 활용한 최적화 시스템을 구축해 효율성과 성과를 높여보자.

AI 콘텐츠 최적화 워크플로우:

1. 주제 연구 & 검증
   - AI 키워드 연구 → 트렌드 분석 → 경쟁 콘텐츠 분석
2. 콘텐츠 초안 작성
   - AI 초안 생성 → 전문 지식 추가 → 브랜드 톤 적용
3. 내용 최적화
   - 알고리즘 친화적 구조화 → 참여 요소 추가 → 명확성 향상
4. 시각 요소 제작
   - AI 이미지 생성 → 브랜드 템플릿 적용 → 시각적 매력 강화

5. 메타데이터 최적화

- 제목/캡션 최적화 → 해시태그 연구 → 키워드 배치

AI 글쓰기 + 디자인 자동화 툴 활용법

콘텐츠 생산은 퍼스널 브랜딩의 핵심이지만, 많은 시간과 노력이 필요하다. AI 도구를 활용하면 콘텐츠 생산 과정을 대폭 간소화하고 효율화할 수 있다. 이 섹션에서는 AI 글쓰기 및 디자인 자동화 도구를 활용한 콘텐츠 생산 프로세스를 단계별로 알아보겠다.

단계 1: AI 글쓰기 도구 마스터하기

효과적인 AI 글쓰기는 올바른 도구 선택과 프롬프트 작성에서 시작된다.

주요 AI 글쓰기 도구:

1. ChatGPT/Claude
   - 장점: 다양한 글쓰기 형식 지원, 맥락 이해력 높음
   - 활용: 블로그 포스트, 소셜 미디어 콘텐츠, 이메일 뉴스레터 등
2. Jasper AI
   - 장점: 마케팅 특화, 템플릿 다양, SEO 통합

- 활용: 마케팅 카피, 광고 문구, 제품 설명

3. Copy.ai
   - 장점: 사용 편의성, 다양한 템플릿, 짧은 카피 강점
   - 활용: 헤드라인, 소셜 미디어 포스트, 짧은 설명문
4. Rytr
   - 장점: 저렴한 가격, 다국어 지원, 간편한 인터페이스
   - 활용: 기본적인 콘텐츠 초안, 짧은 콘텐츠

콘텐츠 유형별 최적 프롬프트 템플릿:

> **블로그 포스트 프롬프트:**
>
> 당신은 [산업/분야]의 전문 블로그 작가입니다. 내 [주제]에 관한 포괄적인 블로그 포스트를 작성해 주세요.
>
> **제목: [블로그 제목]**
> 타깃 독자: [타깃 오디언스 설명]
> 톤/스타일: [원하는 글쓰기 스타일-전문적, 대화체, 교육적 등]
> 주요 키워드: [SEO 키워드 목록]
> 포스트 길이: [목표 단어 수]
>
> **다음 구조로 작성해 주세요:**
> 1. 독자의 관심을 끄는 흥미로운 인트로(문제 제시)
> 2. 이 글이 다룰 내용 개요
> 3. [섹션 1 주제]

4. [섹션 2 주제]
5. [섹션 3 주제]
6. [필요한 만큼 섹션 추가]
7. 실행 가능한 결론 및 다음 단계

각 섹션에는 실용적인 팁, 예시, 통계, 케이스 스터디를 포함해 주세요. 독자가 바로 적용할 수 있는 액션 아이템도 제공해 주세요.

내 브랜드 목소리: [브랜드 목소리 설명 또는 예시]
피해야 할 것: [피해야 할 표현, 주제, 접근법]

소셜 미디어 포스트 프롬프트:

당신은 [분야]의 소셜 미디어 콘텐츠 전문가입니다. 내 [플랫폼]용 매력적인 포스트를 작성해 주세요.

주제/핵심 메시지: [포스트 주제 또는 전달하려는 메시지]
플랫폼: [Instagram, LinkedIn, Twitter 등]
포스트 유형: [교육형, 영감형, 대화형, 홍보형 등]
길이: [플랫폼에 적합한 글자 수]
포함할 해시태그: [주요 해시태그 또는 해시태그 수]
브랜드 톤: [브랜드 목소리 설명]

다음 요소를 포함해 주세요:
1. 관심을 끄는 첫 문장

2. 가치 있는 핵심 메시지
3. 참여를 유도하는 질문 또는 CTA
4. 적절한 이모지 사용
5. 관련 해시태그

내 이전 포스트 스타일 예시:
[성공적이었던 이전 포스트 예시]

이메일 뉴스레터 프롬프트:

당신은 [산업/분야]의 이메일 마케팅 전문가입니다. 내 뉴스레터를 위한 매력적인 이메일을 작성해 주세요.

뉴스레터 주제: [이메일 주제]
타깃 오디언스: [구독자 그룹 설명]
이메일 목적: [정보 제공, 제품 홍보, 관계 구축 등]
이메일 길이: [목표 단어 수]
브랜드 톤: [브랜드 목소리 설명]

다음 구조로 작성해 주세요:
1. 높은 오픈율을 위한 제목 3가지 옵션
2. 개인적이고 관련성 높은 인사말
3. 가치 있는 주요 콘텐츠
4. 명확한 CTA(Call - to - Action)
5. 간결한 P.S. 문구

> 특히 다음 요소를 포함해 주세요:
> - 개인화 요소
> - 독자와의 연결을 강화하는 스토리
> - 구체적이고 액션을 유도하는 CTA
> - 시의성 있는 요소(해당되는 경우)
>
> 내 브랜드 목소리:
> [브랜드 목소리 예시]
>
> 이전에 잘 작동한 이메일 예시:
> [성공적이었던 이전 이메일 예시]

실행 팁:
AI 글쓰기 도구는 초안 생성에 탁월하지만, 최종 콘텐츠에는 항상 자신의 전문성, 경험, 개성을 추가해야 한다. 완전히 의존하기보다는 '공동 창작자'로 활용하는 것이 효과적이다.

단계 2: AI 디자인 도구 활용하기

글쓰기만큼 중요한 것이 시각적 콘텐츠다. AI 디자인 도구를 활용하면 전문 디자이너가 아니더라도 매력적인 시각 자료를 만들 수 있다.

주요 AI 디자인 도구:

1. Midjourney
    - 장점: 높은 품질의 이미지, 뛰어난 예술적 표현

- 활용: 브랜드 이미지, 콘텐츠 배너, 커버 아트

2. DALL - E
   - 장점: 직관적인 프롬프트, 다양한 스타일
   - 활용: 콘셉트 이미지, 제품 시각화, 간단한 일러스트
3. Canva AI
   - 장점: 사용 편의성, 템플릿 다양, 올인원 솔루션
   - 활용: 소셜 미디어 그래픽, 프레젠테이션, 인포그래픽
4. Adobe Firefly
   - 장점: Adobe 제품군 통합, 전문적인 편집 도구
   - 활용: 고품질 이미지 생성, 텍스트 효과, 패턴 생성

효과적인 디자인 프롬프트 구조:

[스타일/분위기] [주제/대상] [세부 설명] [색상/톤] [구도/앵글] [라이팅] [배경] [추가 세부 사항] [해상도/비율]

플랫폼별 이미지 프롬프트 예시:

> **Midjourney 프롬프트:**
>
> 디지털 마케팅 전략을 시각화한 모던한 인포그래픽, 밝은 파란색과 주황색 색상 팔레트, 전문적이고 깔끔한 스타일, 화이트 배경, 4K 해상도 -- ar 16:9 -- v 5
>
> **DALL - E 프롬프트:**
>
> Create a modern, clean infographic visualizing digital

marketing strategy. Use a bright blue and orange color palette on a white background. Make it look professional and simple, suitable for a business presentation. 16:9 aspect ratio.

시각적 콘텐츠 유형별 프롬프트 템플릿:

소셜 미디어 그래픽 프롬프트:

당신은 [산업/분야]의 그래픽 디자인 전문가입니다. 내 [소셜 미디어 플랫폼] 포스트를 위한 시각적 콘텐츠 생성을 도와주세요.

콘텐츠 주제: [포스트 주제]
타깃 플랫폼: [Instagram, LinkedIn, Facebook 등]
원하는 스타일: [미니멀, 대담한, 전문적, 친근한 등]
브랜드 색상: [주요 브랜드 색상 코드 또는 설명]
포함할 텍스트: [이미지에 포함될 텍스트]
이미지 비율: [플랫폼에 적합한 비율 - 1:1, 4:5, 16:9 등]

다음 요소를 고려해 주세요:
1. 시선을 사로잡는 주요 시각적 요소
2. 가독성 높은 텍스트 배치
3. 브랜드 일관성 유지
4. 플랫폼 최적화(여백, 크기 등)

이미지 스타일 예시 또는 레퍼런스:
[참고할 이미지 링크 또는 설명]

인포그래픽 프롬프트:

당신은 데이터 시각화 전문가입니다. 내 [주제]에 관한 매력적인 인포그래픽 디자인을 위한 지침을 제공해 주세요.

주제: [인포그래픽 주제]
핵심 데이터/통계: [포함할 주요 데이터 포인트]
타깃 오디언스: [인포그래픽을 볼 대상]
원하는 스타일: [스타일 설명]
색상 팔레트: [사용할 색상]
브랜드 요소: [로고, 폰트 등 포함할 브랜드 요소]

다음 구조로 인포그래픽을 설계해 주세요:
1. 관심을 끄는 헤드라인/제목
2. 주요 포인트 또는 섹션 3~5개
3. 데이터 시각화 방식(차트, 그래프, 아이콘 등)
4. 흐름/내러티브 구조
5. 콜투액션 또는 결론

특히 다음 요소를 고려해 주세요:
- 정보의 계층 구조
- 가독성과 정보 흐름
- 시각적 균형 및 여백

- 모바일 및 데스크톱 가독성

성공 사례:
재무 컨설턴트 김태호는 AI 디자인 도구를 활용해 투자 개념을 설명하는 인포그래픽 시리즈를 제작했다. Midjourney로 기본 이미지를 생성하고 Canva에서 브랜드 요소를 추가한 후, 인스타그램에 주 3회 게시했다. 이 시리즈는 그의 가장 인기 있는 콘텐츠가 되어 2개월 만에 팔로워가 2배로 증가했고, 재무 상담 문의도 40% 증가했다.

단계 3: 브랜드 템플릿 시스템 구축하기

일관된 브랜드 이미지를 유지하면서 콘텐츠 제작 시간을 단축하기 위해, AI 생성 콘텐츠에 적용할 수 있는 브랜드 템플릿 시스템을 구축하라.

브랜드 템플릿 시스템 요소:
1. 글쓰기 템플릿
   - 블로그 포스트 구조 템플릿
   - 소셜 미디어 포스트 구조 템플릿
   - 이메일 뉴스레터 구조 템플릿
2. 디자인 템플릿
   - 소셜 미디어 이미지 템플릿(플랫폼별)
   - 블로그 배너/특성 이미지 템플릿
   - 인포그래픽 템플릿
   - 프레젠테이션 슬라이드 템플릿

3. 브랜드 스타일 가이드
  - 브랜드 색상 팔레트 및 코드
  - 주요 폰트 및 사용 지침
  - 로고 배치 규칙
  - 이미지 스타일 가이드라인

브랜드 템플릿 워크플로우:

1. AI 도구로 초기 콘텐츠 생성
2. 템플릿에 내용 적용
3. 브랜드 요소 확인 및 조정
4. 품질 검토 및 개인화
5. 발행 및 배포

AI 활용 브랜드 템플릿 시스템 프롬프트:

> 당신은 브랜드 시스템 전문가입니다. 내 콘텐츠 제작을 효율화할 수 있는 종합적인 브랜드 템플릿 시스템을 개발해 주세요.
>
> **내 브랜드 정보:**
> - 브랜드명: [브랜드명]
> - 산업/분야: [산업/분야]
> - 타깃 오디언스: [타깃 오디언스]
> - 주요 콘텐츠 유형: [블로그, 소셜 미디어, 이메일 등]
> - 주요 플랫폼: [사용하는 플랫폼 목록]
> - 브랜드 색상: [주요 색상]
> - 브랜드 폰트: [주요 폰트]

- 브랜드 목소리: [톤/스타일 설명]

다음 요소를 포함한 브랜드 템플릿 시스템을 설계해 주세요:

1. 글쓰기 템플릿
- 각 콘텐츠 유형별 구조화된 템플릿
- 반복 사용 가능한 섹션 및 문구
- AI 프롬프트와 통합 방법
2. 디자인 템플릿
- 각 플랫폼 및 콘텐츠 유형에 맞는 디자인 템플릿
- 브랜드 요소 배치 가이드라인
- AI 디자인 도구 프롬프트 템플릿
3. 템플릿 사용 워크플로우
- 단계별 템플릿 활용 프로세스
- 효율적인 콘텐츠 생산 파이프라인
- 품질 관리 체크포인트

실용적이고 즉시 구현 가능한 시스템을 설계해 주세요. 특히 AI 도구와의 통합 방법에 중점을 두어주세요.

실행 팁:

브랜드 템플릿 시스템은 한 번에 완벽하게 구축할 필요는 없다. 가장 자주 사용하는 콘텐츠 유형부터 템플릿을 만들고, 점진적으로 확장해 나가면 된다.

AI 콘텐츠 자동화 로드맵 & 프롬프트 예제

지속 가능한 콘텐츠 생산을 위해서는 체계적인 자동화 시스템이 필요하다. 아래 로드맵을 따라 AI 기반 콘텐츠 자동화 시스템을 구축해 보자.

단계 1: 콘텐츠 전략 및 계획 자동화

효과적인 콘텐츠 자동화의 첫 단계는 전략적 계획이다.

콘텐츠 전략 자동화 프로세스:

1. 주제 리서치 자동화
   - 인기 주제 및 키워드 발굴
   - 경쟁사 콘텐츠 분석
   - 타깃 오디언스 관심사 추적
2. 콘텐츠 캘린더 자동화
   - 최적 발행 일정 분석
   - 주제 및 콘텐츠 유형 균형 유지

- 시즌별/트렌드 콘텐츠 계획

3. 콘텐츠 브리프 자동화
   - 일관된 콘텐츠 가이드라인 개발
   - 키워드 및 SEO 요소 통합
   - 성과 목표 설정

AI 활용 콘텐츠 전략 프롬프트:

> 당신은 [산업/분야]의 콘텐츠 전략 전문가입니다. 내 브랜드를 위한 데이터 기반 콘텐츠 전략을 개발해 주세요.
>
> **내 정보:**
> - 브랜드/비즈니스: [설명]
> - 타깃 오디언스: [상세 설명]
> - 주요 플랫폼: [사용 플랫폼]
> - 비즈니스 목표: [주요 목표]
> - 현재 콘텐츠 성과: [현재 지표]
> - 경쟁사: [주요 경쟁사]
>
> 다음 내용을 포함한 3개월 콘텐츠 전략을 개발해 주세요:
>
> **1. 콘텐츠 필러(pillar) 전략**
> - 3~5개의 핵심 콘텐츠 주제
> - 각 주제별 세부 하위 주제 5~7개
> - 주제 선정 근거 및 데이터
>
> **2. 콘텐츠 믹스 전략**

- 최적의 콘텐츠 유형 조합
- 플랫폼별 콘텐츠 맞춤화 방안
- 콘텐츠 간 시너지 창출 방법

3. SEO 및 분포 전략

- 타깃팅할 핵심 키워드 목록
- 검색 의도별 콘텐츠 맵핑
- 플랫폼별 SEO 최적화 방안

4. 콘텐츠 캘린더

- 주별/월별 콘텐츠 발행 일정
- 콘텐츠 유형 및 주제 배분
- 주요 이벤트 및 시즌 고려사항

5. 성과 측정 프레임워크

- 핵심 성과 지표(KPI)
- 측정 방법 및 도구
- 최적화 주기 및 프로세스

현재 트렌드와 데이터에 기반한 실용적인 전략을 제공해 주세요.

콘텐츠 캘린더 자동화 성공 사례:

각 필러에 맞는 세부 주제를 AI로 생성했다. 그 결과 콘텐츠 아이디어 발굴 시간이 90% 감소했고, 블로그 트래픽이 이전 분기 대비 45% 증가했다.

단계 2: 콘텐츠 제작 자동화

효율적인 콘텐츠 제작을 위한 자동화 시스템을 구축해 보자.

콘텐츠 제작 자동화 프로세스:

1. 초안 생성 자동화
    - AI 글쓰기 도구 활용
    - 구조화된 프롬프트 시스템
    - 템플릿 기반 콘텐츠 확장
2. 시각 요소 생성 자동화
    - AI 이미지 생성
    - 템플릿 기반 그래픽 디자인
    - 브랜드 요소 자동 적용
3. 편집 및 최적화 자동화
    - 문법 및 스타일 체크
    - SEO 최적화
    - 일관성 및 브랜드 톤 확인

콘텐츠 제작 자동화 워크플로우:

기획 → AI 초안 생성 → 전문성 추가 → AI 시각 요소 생성 → 브랜드화 → 편집/최적화 → 최종 검토

메인 콘텐츠에서 마이크로 콘텐츠 생성 프롬프트:

> 당신은 콘텐츠 리퍼포싱 전문가입니다. 내 메인 콘텐츠에서 다양한 마이크로 콘텐츠를 생성해 주세요.

메인 콘텐츠:

[메인 콘텐츠 전문 또는 요약]

타깃 플랫폼:

[LinkedIn, Instagram, Twitter 등 타깃 플랫폼 목록]

다음 유형의 마이크로 콘텐츠를 생성해 주세요:

1. 소셜 미디어 포스트(각 플랫폼별 5개)

- 각 포스트는 메인 콘텐츠의 핵심 포인트 하나에 집중
- 플랫폼별 최적화된 형식과 길이
- 관련 해시태그 포함

2. 인용구/풀아웃(10개)

- 메인 콘텐츠에서 공유할만한 강력한 문장이나 통찰
- 이미지 오버레이에 적합한 길이
- 맥락 없이도 가치를 전달할 수 있는 문장

3. 주요 통계/팩트(5개)

- 메인 콘텐츠에서 인상적인 데이터 포인트
- 인포그래픽에 적합한 형태로 정리
- 출처 정보 포함

4. Q&A 콘텐츠(5개)

- 메인 콘텐츠에서 자주 하는 질문과 답변
- 짧고 직접적인 응답
- 관련 후속 질문 제안

5. 핵심 요약(3개)

- 다양한 길이의 콘텐츠 요약(30초, 1분, 2분 읽기)

- 핵심 포인트만 포함
- 가독성 높은 형식(글머리 기호, 짧은 단락 등)

각 마이크로 콘텐츠는 독립적으로 가치를 제공하면서도 원본 콘텐츠로의 트래픽을 유도할 수 있도록 해 주세요.

AI 이미지 일괄 생성 프롬프트:

당신은 비주얼 콘텐츠 전략가입니다. 내 콘텐츠 시리즈를 위한 일관된 시각 자료 생성 전략을 개발해 주세요.

콘텐츠 시리즈 정보:
- 주제: [콘텐츠 시리즈 주제]
- 시리즈 구성: [콘텐츠 제목 목록]
- 시각적 스타일: [원하는 비주얼 스타일]
- 브랜드 요소: [로고, 색상, 폰트 등]
- 사용 플랫폼: [사용할 플랫폼]

다음 내용을 포함한 시각 자료 생성 전략을 개발해 주세요:

1. 시리즈 비주얼 아이덴티티
- 일관된 시각적 테마
- 시리즈 인식을 위한 공통 요소
- 개별 콘텐츠 차별화 방안

2. 각 콘텐츠별 이미지 프롬프트
- Midjourney/DALL-E용 최적화된 프롬프트

> - 이미지별 핵심 시각 요소
> - 텍스트 오버레이 권장사항
>
> 3. 이미지 후처리 가이드
> - 브랜드 요소 적용 방법
> - 일관성 유지를 위한 편집 지침
> - 플랫폼별 최적화 방안
>
> 구체적이고 실행 가능한 프롬프트와 지침을 제공해 주세요.

실행 팁:

콘텐츠 제작 자동화는 완전한 대체가 아닌 협업 과정으로 접근해야 한다. AI가 초안과 기본 구조를 제공하고, 여러분은 전문성과 개성을 더하는 방식이 가장 효과적이다.

단계 3: 콘텐츠 배포 및 프로모션 자동화

콘텐츠 제작만큼 중요한 것이 효과적인 배포와 프로모션이다. 이 과정도 AI를 활용해 자동화해 보자.

콘텐츠 배포 자동화 프로세스:

1. 크로스 플랫폼 배포 자동화
   - 플랫폼별 콘텐츠 최적화
   - 일정 예약 및 자동 게시
   - 크로스 프로모션 설정
2. 참여 및 소통 자동화
   - 댓글 및 메시지 응답 자동화

- 감사 메시지 및 후속 조치
- 커뮤니티 관리 지원

3. 성과 추적 및 보고 자동화
   - 주요 지표 자동 수집
   - 성과 보고서 자동 생성
   - 개선 인사이트 도출

콘텐츠 배포 자동화 도구:

1. Buffer/Hootsuite: 소셜 미디어 스케줄링 및 분석
2. Zapier/Make: 플랫폼 간 연동 및 워크플로우 자동화
3. MissingLettr: 블로그 콘텐츠 소셜 미디어 캠페인 자동화
4. IFTTT: 간단한 조건부 자동화 워크플로우
5. ConvertKit/MailerLite: 이메일 마케팅 자동화

크로스 플랫폼 배포 전략 프롬프트:

> 당신은 콘텐츠 배포 전략가입니다. 내 콘텐츠의 크로스 플랫폼 배포 전략을 개발해 주세요.
>
> 콘텐츠 정보:
> - 주요 콘텐츠 유형: [블로그, 비디오, 팟캐스트 등]
> - 타깃 플랫폼: [사용 중인 모든 플랫폼]
> - 자동화 도구: [사용 중인 도구]
> - 발행 빈도: [콘텐츠 발행 주기]
> - 리소스 제약: [시간, 인력 등 제약사항]

다음 내용을 포함한 종합적인 배포 전략을 개발해 주세요:

1. 플랫폼별 최적화 전략
- 각 플랫폼에 맞는 콘텐츠 조정 방법
- 플랫폼별 최적 포맷 및 길이
- 플랫폼 특화 기능 활용법
2. 배포 일정 및 시퀀스
- 콘텐츠 유형별 최적 발행 순서
- 플랫폼별 최적 발행 시간
- 리프로모션 일정 및 전략
3. 자동화 워크플로우
- 자동화할 수 있는 배포 단계
- 도구별 자동화 설정 방법
- 자동화와 수동 작업의 균형점
4. 크로스 프로모션 전략
- 플랫폼 간 교차 홍보 방법
- 기존 콘텐츠를 활용한 프로모션
- 각 플랫폼의 강점을 활용한 유입 전략
5. 효율성 극대화 팁
- 시간 절약 전략
- 콘텐츠 재활용 방법
- 배포 프로세스 간소화 방안

실용적이고 즉시 적용 가능한 전략을 제공해 주세요.

자동화 워크플로우 설계 프롬프트:

당신은 마케팅 자동화 전문가입니다. 내 콘텐츠 제작 및 배포 프로세스를 자동화하는 워크플로우를 설계해 주세요.

현재 프로세스:

[현재 콘텐츠 제작 및 배포 프로세스 설명]

사용 가능한 도구:

[사용 중인/사용 가능한 도구 목록]

자동화 목표:

[시간 절약, 일관성 향상, 오류 감소 등]

다음 내용을 포함한 자동화 워크플로우를 설계해 주세요:

1. 자동화 가능한 단계 식별

- 현재 프로세스에서 자동화 가능한 모든 단계
- 각 단계별 자동화 난이도 및 이점
- 우선순위 추천

2. 도구 간 통합 설계

- Zapier/Make 워크플로우 설계
- API 연동 제안
- 도구 간 데이터 흐름 설계

3. 단계별 자동화 설정 가이드

- 각 자동화 단계의 구체적인 설정 방법
- 필요한 템플릿 및 스크립트
- 트리거 및 조건 설정

> **4. 예외 처리 및 모니터링**
> - 자동화 실패 시 대응 방안
> - 품질 관리 체크포인트
> - 성과 모니터링 방법
>
> **5. 단계적 구현 계획**
> - 즉시 구현 가능한 자동화
> - 중기 구현 목표
> - 장기 자동화 비전
>
> 기술적인 복잡성과 실용성 사이의 균형을 고려한 솔루션을 제안해 주세요.

성공 사례:
라이프스타일 블로거 정다현은 Zapier와 Buffer를 연동하여 콘텐츠 배포 시스템을 자동화했다. 블로그에 새 글을 발행하면, Zapier가 이를 감지해 Buffer에 2주간의 소셜 미디어 포스트를 자동으로 생성하고 예약한다. 또한 이메일 뉴스레터도 자동으로 발송된다. 이를 통해 콘텐츠 배포에 들이는 시간이 주당 5시간에서 30분으로 줄었고, 콘텐츠 도달률은 35% 증가했다.

단계 4: 콘텐츠 최적화 및 반복 자동화

지속적인 성장을 위해 콘텐츠 성과를 분석하고 최적화하는 과정도 자동화해 보자.

콘텐츠 최적화 자동화 프로세스:

1. 데이터 수집 및 분석 자동화
   - 성과 지표 자동 수집
   - 패턴 및 인사이트 분석
   - A/B 테스트 결과 추적
2. 콘텐츠 업데이트 자동화
   - 성과가 좋은 콘텐츠 식별
   - 개선 포인트 자동 제안
   - 업데이트 우선순위 설정
3. 학습 및 적용 자동화
   - 성공 패턴 식별 및 문서화
   - 콘텐츠 전략 자동 조정
   - 지속적 개선 시스템 구축

콘텐츠 성과 분석 프롬프트:

> 당신은 콘텐츠 분석 전문가입니다. 내 콘텐츠 성과를 분석하고 최적화 방안을 제안해 주세요.
>
> 콘텐츠 성과 데이터:
> [콘텐츠 제목, 발행일, 조회수, 참여율, 전환율 등 데이터]
>
> 분석 목표:
> [주요 분석 목표 및 KPI]

다음 내용을 포함한 종합적인 분석을 제공해 주세요:

1. 성과 개요
- 주요 지표 요약
- 목표 대비 성과
- 시간에 따른 추세
2. 성공 패턴 분석
- 최고 성과 콘텐츠의 공통점
- 높은 참여를 이끌어낸 요소
- 전환율에 영향을 미친 요소
3. 개선 영역 식별
- 기대 이하 성과의 콘텐츠
- 공통적인 약점
- 즉시 개선 가능한 부분
4. 시청자/독자 인사이트
- 타깃 오디언스 행동 패턴
- 참여 시간 및 위치
- 드롭오프 포인트
5. 최적화 권장사항
- 콘텐츠별 구체적인 개선 제안
- 우선순위가 높은 액션 아이템
- 미래 콘텐츠를 위한 전략적 제안

데이터에 기반한 실용적인 인사이트와 구체적인 개선 방안을 제공해 주세요.

콘텐츠 업데이트 프롬프트:

당신은 콘텐츠 최적화 전문가입니다. 내 기존 콘텐츠를 분석하고 성과를 높이기 위한 업데이트 방안을 제안해 주세요.

콘텐츠 정보:

[콘텐츠 URL 또는 전체 내용]

성과 데이터:

[조회수, 참여율, 공유 수, 전환율 등]

목표:

[조회수 증가, 전환율 향상, 최신성 유지 등]

다음 내용을 포함한 최적화 계획을 제공해 주세요:

1. 콘텐츠 평가

- 현재 콘텐츠의 강점과 약점
- 경쟁 콘텐츠 대비 위치
- 기회 영역

2. 구조 및 가독성 개선

- 헤드라인 최적화 제안
- 구조 개선 포인트
- 가독성 향상 방안

3. 콘텐츠 확장 제안

- 추가할 가치 있는 정보

- 최신 트렌드 및 데이터 통합
- 누락된 중요 측면

4. SEO 최적화

- 키워드 기회 분석
- 메타 데이터 개선 제안
- 내부/외부 링크 전략

5. 시각적 요소 개선

- 새로운/추가 시각 자료 제안
- 기존 시각 자료 업데이트 방안
- 멀티미디어 통합 기회

6. CTA 및 전환 최적화

- 콜투액션 개선 제안
- 전환 장벽 제거 방안
- 독자 여정 최적화

구체적이고 실행 가능한 개선안을 제공해 주세요.

성공 사례:

SEO 컨설턴트 김도윤은 AI를 활용해 기존 블로그 콘텐츠의 성과를 분석하고 최적화하는 시스템을 구축했다. 분기별로 모든 콘텐츠의 성과를 분석하고, 상위 20%와 하위 20%의 공통 패턴을 파악한 후, 하위 콘텐츠를 개선했다. 이 과정을 6개월간 진행한 결과, 블로그 전체 트래픽이 78% 증가했고, 첫 페이지 검색 결과에 노출되는 키워드 수가 2배로 늘었다.

‘브랜드 성장 저널링’ 시스템 설계

일관된 콘텐츠 생산과 브랜드 성장을 위해 ‘AI 기반 브랜드 성장 저널링’ 시스템을 구축해 보자. 이 시스템은 콘텐츠 아이디어 발굴, 성과 추적, 지속적 학습을 통합하는 개인화된 성장 프레임워크다.

단계 1: 브랜드 성장 저널 설정

브랜드 성장 저널링을 위한 기본 구조를 설정한다.

브랜드 성장 저널 구성 요소:

1. 브랜드 비전 및 목표 섹션
   - 장기적 브랜드 비전
   - 분기별/월별 목표
   - 핵심 성과 지표(KPI)
2. 콘텐츠 아이디어 뱅크
   - 주제별 아이디어 모음
   - 영감 소스 및 참조 자료

- 콘텐츠 기회 포착

3. 실험 및 학습 로그
   - A/B 테스트 결과
   - 성공 및 실패 분석
   - 핵심 학습 포인트
4. 피드백 및 인사이트 로그
   - 오디언스 피드백 모음
   - 시장 트렌드 및 변화
   - 경쟁 분석 인사이트
5. 주간/월간 성찰 섹션
   - 정기적 성과 검토
   - 진행 상황 평가
   - 전략 조정 및 계획

브랜드 성장 저널 템플릿 프롬프트:

> 당신은 브랜드 전략 코치입니다. 내 브랜드 성장을 체계적으로 기록하고 추적할 수 있는 '브랜드 성장 저널' 템플릿을 설계해 주세요.
>
> **내 정보:**
> - 브랜드/분야: [브랜드 또는 분야]
> - 주요 목표: [브랜드 주요 목표]
> - 콘텐츠 유형: [주요 콘텐츠 유형]
> - 핵심 KPI: [핵심 성과 지표]
> - 기록 주기: [일간/주간/월간]

다음 섹션을 포함한 종합적인 브랜드 성장 저널 템플릿을 개발해 주세요:

1. 브랜드 비전 & 목표 트래킹
- 비전 선언문 섹션
- 단기/중기/장기 목표 구조
- 진행 상황 시각화 방법

2. 콘텐츠 아이디어 관리 시스템
- 아이디어 캡처 프레임워크
- 우선순위 결정 기준
- 아이디어 발전 프로세스

3. 실험 & 학습 기록 구조
- 실험 설계 템플릿
- 결과 분석 프레임워크
- 학습 추출 방법론

4. 피드백 & 인사이트 관리
- 피드백 수집 및 분류 시스템
- 패턴 인식 프레임워크
- 인사이트 활용 방법

5. 성찰 & 전략 조정 프로세스
- 정기 검토 질문 세트
- 성공/실패 분석 프레임워크
- 전략 조정 가이드라인

6. 주간/월간/분기별 템플릿
- 일일/주간 계획 및 검토 페이지

> - 월간 성과 요약 페이지
> - 분기별 전략 검토 페이지
>
> 디지털 도구(Notion, Evernote 등) 또는 아날로그 저널링에 모두 적합한 형태로 설계해 주세요. 실용적이고 지속 가능한 시스템을 제안해 주세요.

실행 팁:
브랜드 성장 저널은 완벽하게 시작할 필요가 없다. 가장 가치 있는 섹션부터 시작하고, 시간이 지남에 따라 확장해 나가면 된다. 중요한 것은 일관성을 유지하는 것이다.

단계 2: AI 기반 저널링 시스템 자동화

저널링 프로세스를 AI로 지원하여 효율성을 높인다.

AI 지원 저널링 자동화 영역:

1. 정기적 프롬프트 알림
   - 정해진 일정에 맞춰 저널링 프롬프트 제공
   - 상황 맞춤형 질문 생성
   - 핵심 영역 놓치지 않도록 가이드
2. 데이터 자동 수집 및 통합
   - 성과 데이터 자동 임포트
   - 소셜 미디어 인사이트 통합
   - 고객 피드백 자동 수집
3. 인사이트 추출 자동화

- 패턴 및 추세 자동 분석
- 이상치 및 기회 자동 탐지
- 행동 가능한 인사이트 제안

AI 저널링 프롬프트 세트:

> **주간 성찰 프롬프트:**
>
> 당신은 브랜드 성장 코치입니다. 내 주간 브랜드 활동을 성찰하고 인사이트를 도출할 수 있도록 가이드해 주세요.
>
> 지난주 활동:
> - 발행한 콘텐츠: [콘텐츠 목록]
> - 주요 지표: [핵심 지표 데이터]
> - 중요 이벤트/피드백: [특이사항]
>
> 다음 질문에 답하는 과정을 가이드해 주세요:
>
> 1. 지난주 가장 큰 성과는 무엇이었나요?
> - 성공 요인 분석
> - 복제 가능한 패턴 식별
> - 향후 활용 방안
> 2. 기대에 미치지 못한 부분은 무엇이었나요?
> - 원인 분석
> - 개선 가능성 탐색
> - 구체적인 조정 방안

3. 오디언스/고객으로부터 얻은 주요 인사이트는?

- 직접적/간접적 피드백 분석
- 행동 패턴에서 도출된 인사이트
- 향후 콘텐츠/제품에 적용 방안

4. 발견한 새로운 기회나 아이디어는?

- 아이디어 구체화
- 실행 가능성 평가
- 우선순위 설정

5. 다음 주 집중할 3가지 핵심 영역은?

- 구체적인 목표 설정
- 실행 계획 수립
- 성공 기준 정의

각 질문에 대해 심층적인 생각을 이끌어내고, 구체적인 행동 계획으로 연결되도록 도와주세요.

월간 성과 분석 프롬프트:

당신은 데이터 기반 브랜드 전략가입니다. 내 월간 브랜드 성과를 분석하고 전략적 인사이트를 제공해 주세요.

월간 데이터:

- 콘텐츠 성과: [콘텐츠별 주요 지표]
- 오디언스 성장: [팔로워, 구독자 등 변화]
- 전환/수익: [전환율, 수익 데이터]
- 주요 캠페인: [진행한 캠페인 및 결과]

다음 영역에 대한 분석을 제공해 주세요:

1. 성과 개요
- 목표 대비 성과
- 전월 대비 변화
- 주요 성공/실패 요인
2. 콘텐츠 분석
- 최고/최저 성과 콘텐츠
- 콘텐츠 카테고리별 성과
- 콘텐츠 전략 효과성
3. 오디언스 인사이트
- 성장 패턴 및 트렌드
- 참여 변화 및 원인
- 오디언스 행동 인사이트
4. 전환 및 수익 분석
- 전환 퍼널 성과
- 수익 동인 분석
- 수익화 전략 효과성
5. 전략적 제안
- 식별된 기회 영역
- 자원 재배정 제안
- 다음 달 우선순위 제안
6. 실험 및 학습 계획
- 테스트할 새로운 가설
- 최적화 우선순위
- 필요한 조정 사항

데이터에 기반한 구체적인 인사이트와 명확한 실행 계획을 제공해 주세요.

분기별 전략 검토 프롬프트:

당신은 브랜드 전략 컨설턴트입니다. 내 브랜드의 분기별 성과를 검토하고 전략을 재조정할 수 있도록 가이드해 주세요.

분기 성과 요약:
[주요 성과 지표, 목표 달성 현황, 핵심 프로젝트 결과]

현재 전략 및 목표:
[현재 브랜드 전략 및 주요 목표]

시장 환경 변화:
[업계 트렌드, 경쟁 상황, 고객 행동 변화]

다음 영역에 대한 심층적인 검토를 가이드해 주세요:

1. 전략 유효성 평가
- 현재 전략의 강점 및 약점
- 목표에 대한 진행 상황
- 전략적 가정의 검증 여부
2. 환경 변화 영향 분석
- 새로운 기회 및 위협 요소
- 경쟁 환경 변화의 영향

- 고객 니즈/행동 변화 영향

3. 리소스 활용 평가

- 리소스 배분 효율성
- 투자 대비 수익 분석
- 리소스 재배정 필요성

4. 브랜드 포지셔닝 검토

- 차별화 효과성
- 메시지 일관성 및 공명성
- 포지셔닝 조정 필요성

5. 다음 분기 전략 조정

- 유지할 전략적 요소
- 조정/변경할 요소
- 새롭게 도입할 이니셔티브

6. 명확한 실행 계획

- 다음 분기 우선순위 및 목표
- 주요 프로젝트 및 마일스톤
- 성공 측정 방법

심층적인 분석과 실행 가능한 전략적 방향을 제시해 주세요.

성공 사례:

금융 교육자 최재훈은 AI 기반 브랜드 성장 저널링 시스템을 6개월간 활용했다. 주간 성찰과 월간 분석을 통해 자신의 콘텐츠 중 '복잡한 금융 개념을 일상적인 비유로 설명하는' 콘텐츠가 가장 높은 참여율을 보인다는 패턴을 발견했다. 이 인사이트를 바탕으로 콘텐츠 전략을 조정한 결과, 유튜브 채널 성장률이 이전 6개월 대비

230% 증가했고, 온라인 강의 판매도 45% 늘어났다.

단계 3: 지속 가능한 콘텐츠 생태계 구축

모든 자동화 요소를 통합하여 지속 가능한 콘텐츠 생태계를 구축한다.

지속 가능한 콘텐츠 생태계 핵심 원칙:

1. 에너지 보존 원칙
    - 핵심 역량에 에너지 집중
    - 반복 작업 자동화
    - 번아웃 방지 시스템
2. 콘텐츠 재활용 원칙
    - 메인 콘텐츠의 효율적 재활용
    - 에버그린 콘텐츠 활용 극대화
    - 지식 자산의 지속적 재활용
3. 성장형 시스템 원칙
    - 학습과 개선의 선순환 구조
    - 데이터 기반 의사결정
    - 자동화와 인간 전문성의 시너지

지속 가능한 콘텐츠 생태계 설계 프롬프트:

> 당신은 지속 가능한 콘텐츠 시스템 설계 전문가입니다. 내가 장기적으로 유지할 수 있는 콘텐츠 생태계를 설계해 주세요.

내 정보:

- 가용 시간: [주당 콘텐츠에 할애 가능한 시간]
- 강점/관심사: [주요 강점과 지속적 관심 분야]
- 콘텐츠 유형: [주로 만드는/만들고 싶은 콘텐츠 유형]
- 목표: [브랜드/비즈니스 목표]
- 자원 제약: [시간, 예산, 기술적 제약 등]

다음 영역을 포함한 지속 가능한 콘텐츠 생태계를 설계해 주세요:

1. 핵심 콘텐츠 구조
- 주력 콘텐츠 형태 및 빈도
- 핵심 콘텐츠와 지원 콘텐츠의 균형
- 콘텐츠 간 시너지 창출 방안

2. 에너지 관리 시스템
- 핵심 역량 집중 영역
- 자동화/위임 가능 영역
- 번아웃 방지 메커니즘

3. 콘텐츠 재활용 시스템
- 메인 - 마이크로 콘텐츠 변환 전략
- 에버그린 콘텐츠 관리 방안
- 콘텐츠 리퍼포싱 워크플로우

4. 자동화 및 효율화 전략
- 자동화할 핵심 프로세스
- 도구 및 시스템 구성
- 실행 단계 및 우선순위

5. 학습 및 최적화 시스템
- 성과 측정 및 평가 방법
- 지속적 개선 메커니즘
- 학습의 재투자 방안

6. 리소스 계획
- 필요한 도구 및 서비스
- 시간 배분 전략
- 잠재적 투자 영역

주어진 제약 조건 내에서 실현 가능하고, 장기적으로 지속할 수 있는 시스템을 설계해 주세요.

콘텐츠 창작자 번아웃 방지 전략 프롬프트:

당신은 창작자 웰빙 전문가입니다. 콘텐츠 창작자로서 번아웃을 방지하고 지속적인 창의력을 유지할 수 있는 전략을 제안해 주세요.

내 상황:
- 콘텐츠 유형: [주로 만드는 콘텐츠]
- 발행 빈도: [현재 콘텐츠 발행 주기]
- 도전 영역: [어려움을 느끼는 부분]
- 스트레스 요인: [주요 스트레스 원인]
- 에너지 소스: [영감과 에너지를 얻는 활동]

다음 내용을 포함한 번아웃 방지 전략을 제안해 주세요:

1. 에너지 관리 시스템
- 창의적 에너지 주기 파악 방법
- 최적의 작업 리듬 설계
- 에너지 보존 및 회복 전략
2. 창의적 지속가능성 전략
- 영감 소스의 다양화 방안
- 창의력 재충전 루틴
- 창의적 블록 극복 방법
3. 자동화 및 위임 전략
- 자동화할 수 있는 반복 작업
- 위임 가능한 업무 영역
- 효율적인 워크플로우 설계
4. 심리적 웰빙 전략
- 압박감 관리 기법
- 건강한 경계 설정 방법
- 자기 긍정 및 동기 유지 방법
5. 지속 가능한 성장 계획
- 현실적인 목표 설정 방법
- 점진적 성장 전략
- 지속 가능한 수익화 방안

현실적이고 즉시 적용 가능한 전략을 제안해 주세요. 특히 AI 도구를 활용해 창작 부담을 줄이는 방법에 중점을 두어주세요.

실행 팁:

지속 가능한 콘텐츠 생태계 구축은 마라톤과 같다. 처음부터 완벽한 시스템을 구축하려 하지 말고, 작은 자동화부터 시작하여 점진적으로 확장해 나가야 한다. 가장 중요한 것은 일관성과 지속성을 유지하는 것이다.

프롬프트:

“

내 콘텐츠 생산을 AI로 자동화할 방법을 제안해 줘.

”

아래 프롬프트를 활용해 자신의 콘텐츠 생산을 효율적으로 자동화하는 맞춤형 전략을 얻자:

> 당신은 AI 콘텐츠 자동화 전문가입니다. 내 콘텐츠 생산 프로세스를 AI로 자동화하는 맞춤형 전략을 개발해 주세요.
>
> **내 정보:**
>
> - 콘텐츠 유형: [블로그, 소셜 미디어, 영상, 팟캐스트 등]
> - 주요 주제/산업: [콘텐츠 주제 영역]
> - 현재 워크플로우: [현재 콘텐츠 제작 프로세스]
> - 주당 콘텐츠 생산량: [발행하는/목표로 하는 콘텐츠 양]
> - 주요 도전 과제: [시간 부족, 아이디어 부족, 일관성 등]
> - 보유 기술/도구: [사용 중인 도구, 기술적 능력 수준]
> - 자동화 목표: [시간 절약, 양적 확대, 퀄리티 향상 등]
>
> 다음 내용을 포함한 종합적인 AI 콘텐츠 자동화 전략을 제안해 주세요:

1. 자동화 가능한 영역 분석

- 즉시 자동화 가능한 프로세스
- 부분적 자동화 가능 영역
- 인간의 개입이 필수적인 영역

2. 추천 AI 도구 및 워크플로우

- 각 단계별 최적의 AI 도구
- 도구 간 연동 방법
- 단계별 자동화 워크플로우

3. 콘텐츠 생산 시스템 설계

- 메인-마이크로 콘텐츠 프레임워크
- 콘텐츠 일정 및 배치 전략
- 품질 관리 체크포인트

4. 프롬프트 전략 및 템플릿

- 각 AI 도구별 최적화된 프롬프트 템플릿
- 프롬프트 개선 및 반복 전략
- 브랜드 목소리 유지 방법

5. 구현 로드맵

- 단계별 구현 계획
- 초기 투자 시간 vs 장기적 절약
- 성공 측정 방법

현실적이고 즉시 적용 가능한 전략을 제안해 주세요. 내 상황에 맞는 맞춤형 솔루션을 제공해 주세요.

이 프롬프트는 여러분의 구체적인 상황과 요구사항에 맞춘 AI 콘텐츠 자동화 전략을 제공한다. 특히 현재 워크플로우, 도전 과제,

자동화 목표 등 구체적인 정보를 제공할수록 더 관련성 높은 전략을 받을 수 있다.

콘텐츠 유형별 맞춤 프롬프트:

블로그 콘텐츠 자동화 프롬프트:

당신은 블로그 콘텐츠 자동화 전문가입니다. 내 블로그 콘텐츠 생산을 효율화할 수 있는 AI 기반 시스템을 설계해 주세요.

[기본 정보 포함]

특히 다음 블로그 특화 요소에 대한 자동화 전략도 포함해 주세요:

- SEO 최적화 콘텐츠 자동화
- 블로그 시리즈 및 연결 콘텐츠 전략
- 블로그 콘텐츠의 소셜 미디어 변환
- 독자 참여 유도 전략
- 블로그 성과 추적 및 최적화

소셜 미디어 콘텐츠 자동화 프롬프트:

당신은 소셜 미디어 콘텐츠 자동화 전문가입니다. 내 소셜 미디어 콘텐츠 생산을 효율화할 수 있는 AI 기반 시스템을 설계해 주세요.

[기본 정보 포함]

특히 다음 소셜 미디어 특화 요소에 대한 자동화 전략도 포함해 주세요:

- 플랫폼별 최적화 콘텐츠 자동 생성
- 일관된 소셜 미디어 캘린더 관리
- 참여 유도 콘텐츠 자동화
- 트렌드 모니터링 및 활용
- 소셜 미디어 성과 분석 및 최적화

사용 팁:

이 프롬프트는 현재 상황에 맞게 주기적으로 업데이트하여 사용하면 된다. 새로운 AI 도구가 등장하고, 콘텐츠 제작 필요성이 변화함에 따라 자동화 전략도 조정될 필요가 있다.

플랫폼별 AI 콘텐츠 최적화 프롬프트:

LinkedIn 포스트 최적화 프롬프트:

당신은 LinkedIn 콘텐츠 최적화 전문가입니다. 내 LinkedIn 포스트를 알고리즘 친화적으로 최적화해 주세요.

내 초안: [LinkedIn 포스트 초안]

다음 요소를 개선해 주세요:

1. 인트로 최적화

- 첫 2~3줄을 더 매력적으로 만들기(미리보기에 표시되는 부분)

- 호기심을 유발하는 질문이나 강력한 문장으로 시작하기

2. 구조 최적화

- 읽기 쉽게 단락 나누기(모바일에서 2~3줄 단락)
- 글머리 기호, 번호, 이모지로 가독성 높이기

3. 참여 요소 추가

- 마지막에 대화를 유도하는 질문 추가
- 댓글을 유도하는 CTA 포함

4. 해시태그 최적화

- 내 분야에 적합한 3~5개 해시태그 추천
- 적절한 위치에 자연스럽게 배치

LinkedIn 알고리즘이 선호하는 형식으로 최적화하되, 내 전문성과 진정성을 유지해 주세요.

Instagram 캡션 최적화 프롬프트:

당신은 Instagram 콘텐츠 최적화 전문가입니다. 내 Instagram 캡션을 참여율 높이는 형태로 최적화해 주세요.

내 초안:

[Instagram 캡션 초안]

이미지/릴스 내용:

[게시할 이미지/릴스 설명]

다음 요소를 개선해 주세요:

1. 첫 줄 최적화

- 첫 1~2줄을 강력한 훅으로 만들기(미리보기에 표시되는 부분)

- 이모지를 효과적으로 사용하기

2. 구조 최적화

- 모바일에서 쉽게 읽을 수 있도록 구조화

- 단락 간 공백과 이모지 활용

3. 스토리텔링 강화

- 개인적 연결점 추가

- 감정적 요소 포함

4. 참여 요소 추가

- 저장을 유도하는 가치 제안

- 댓글을 유도하는 질문

- 공유 요청 포함

5. 해시태그 최적화

- 내 콘텐츠와 타깃에 맞는 15~20개 해시태그 추천

- 필요시 댓글로 해시태그 분리 제안

Instagram 알고리즘이 선호하는 참여 유도 요소를 포함하되, 자연스럽고 브랜드에 맞는 톤을 유지해 주세요.

YouTube 설명 최적화 프롬프트:

당신은 YouTube SEO 전문가입니다. 내 YouTube 영상 설명을 검색과 알고리즘에 최적화해 주세요. 영상 제목: [영상 제목] 영상 내용: [영상 내용 요약] 타깃 키워드: [타깃팅하려는 주요 키워드] 다음 요소를 포함한 최적화된 영상 설명을 작성해 주세요:

1. 처음 2~3줄 - 핵심 가치 제안과 키워드 포함 - 시청자가 계속 시청해야 하는 이유

2. 타임스탬프 - 영상의 주요 섹션을 표시하는 타임스탬프 - 각 섹션에 키워드가 자연스럽게 포함되도록

3. 콘텐츠 요약

- 영상의 핵심 내용과 이점 요약
- 자연스럽게 키워드 포함

4. 리소스 및 링크

- 언급된 리소스의 링크
- 웹사이트, 소셜 미디어, 관련 영상 링크

5. 태그 및 카테고리

- 핵심 태그 추천(10~15개)
- 최적의 카테고리 추천

YouTube 알고리즘과 검색 엔진 모두에 최적화되면서, 시청자에게도 가치를 제공하는 설명을 작성해 주세요.

이 YouTube 설명 최적화 프롬프트는 여러분의 영상이 검색 결과에서 더 잘 발견되고, 알고리즘의 추천을 받을 확률을 높일 뿐만 아니라 처음 2~3줄의 최적화부터 타임스탬프, 콘텐츠 요약, 리소스 링크, 태그 추천까지 포함하여 영상의 검색 가능성과 시청자 참여도를 높이는 데 큰 도움이 된다. YouTube는 단순한 동영상 플랫폼을 넘어 세계에서 두 번째로 큰 검색 엔진이므로, 이러한 최적화는 여러분의 브랜드 확장에 핵심적인 역할을 할 것이다.
또한, 이 프롬프트를 통해 작성된 구조화된 영상 설명은 시청자 경험도 향상시킨다. 명확한 타임스탬프와 콘텐츠 요약은 시청자가 원하는 정보를 빠르게 찾을 수 있게 도와주며, 관련 리소스 링크는 추가적인 가치를 제공한다. 이는 결과적으로 채널 구독과 시청자 충성도를 높이는 데 기여한다.

체크리스트:

AI 기반 콘텐츠 제작 도구 활용 수준 점검

아래 체크리스트를 활용해 AI 기반 콘텐츠 제작 시스템 구축 상태를 점검해 보라.

콘텐츠 전략 및 계획 체크리스트

- AI 도구를 활용한 콘텐츠 주제 및 키워드 리서치 시스템을 구축함
- 데이터 기반의 콘텐츠 캘린더를 개발하고 정기적으로 업데이트함
- 콘텐츠 필러(주제 기둥)를 명확히 정의하고 체계화함
- 메인 콘텐츠와 마이크로 콘텐츠의 관계를 전략적으로 설계함
- 콘텐츠 성과 목표와 KPI를 명확히 설정함

콘텐츠 제작 최적화 체크리스트

- 정교한 AI 글쓰기 프롬프트 템플릿 세트를 개발함
- AI 이미지 생성을 위한 브랜드 특화 프롬프트 라이브러리를 구축함

- 콘텐츠 유형별 템플릿 시스템을 구축함
- 브랜드 톤/보이스를 AI 도구에 효과적으로 학습시킴
- 메인 콘텐츠에서 다양한 마이크로 콘텐츠를 추출하는 체계적인 방법을 개발함

콘텐츠 배포 자동화 체크리스트

- 플랫폼별 최적화된 콘텐츠 변환 프로세스를 자동화함
- 소셜 미디어 스케줄링 및 배포 시스템을 구축함
- 이메일 뉴스레터 제작 및 발송을 자동화함
- 초기 댓글 및 소통 응답 시스템을 자동화함
- 크로스 플랫폼 프로모션 전략을 자동화함

콘텐츠 최적화 및 학습 체크리스트

- 콘텐츠 성과 데이터 수집 및 분석을 자동화함
- 정기적인 콘텐츠 성과 검토 시스템을 구축함
- 성공적인 콘텐츠 패턴을 파악하고 문서화함
- A/B 테스트를 통한 지속적 최적화 프로세스를 운영함
- 학습 내용을 콘텐츠 전략에 반영하는 피드백 루프를 구축함

지속 가능성 및 효율성 체크리스트

- 콘텐츠 제작에 들이는 시간을 측정하고 추적함
- 콘텐츠 재활용 및 리퍼포싱 전략을 최적화함
- 창작자 에너지를 보존하기 위한 시스템을 구축함
- AI와 인간 전문성의 최적 균형점을 찾음
- 콘텐츠 자산을 체계적으로 관리하고 활용함

이 체크리스트의 모든 항목을 한 번에 구현하려 하지 마라. 가장 큰 영향을 미칠 수 있는 3~5개 항목을 선택하여 먼저 구현하고, 점진적으로 확장해 나가면 된다.

성공 팁:
온라인 브랜드 구축은 단기간에 이루어지는 것이 아니다. 그러나 이 장에서 배운 AI 기반 접근법을 활용한다면, 그 과정을 더 효율적이고 효과적으로 만들 수 있다. AI 기술은 계속해서 발전하고 있으며, 이를 활용하는 능력은 디지털 환경에서 경쟁 우위를 확보하는 데 필수적이다.

다음 장에서는 'Develop' 단계로 넘어가 AI를 활용한 고품질 콘텐츠 생산 시스템을 구축하는 방법에 대해 알아볼 것이다. 지금까지 구축한 브랜드 기반과 디지털 최적화 전략을 바탕으로, 어떻게 지속 가능한 콘텐츠 생태계를 만들 수 있는지 살펴볼 수 있다.
기억하라!
브랜드 구축의 여정에서 AI는 강력한 동반자이지만, 궁극적으로 성공은 여러분의 전문성, 진정성, 그리고 일관된 실행에서 비롯된다. 이 장에서 배운 전략들을 하나씩 실행에 옮기며, 여러분만의 독특한 디지털 존재감을 구축해 나가기를 바란다!

"당신의 브랜드는 당신이 하는 일이 아니라,
당신이 반복해서 하는 것이다."
- 아리스토텔레스(Aristotle)

제6장

Develop: AI 기반 브랜드 스코어 생산 시스템 구축

에피소드 6:

“매일 콘텐츠를 만들 필요가 없다?”

당신이 마주하고 있는 가장 큰 거짓말을 알려주겠다.

“성공하려면 매일 콘텐츠를 만들어야 해.”

이것은 완전한 거짓말이다. 그리고 이 거짓말에 속아 수많은 전문가, 크리에이터, 기업가들이 소모적인 콘텐츠 생산의 쳇바퀴에 갇혀 있다.

스토리: 코딩 강사 마이클의 변신

마이클은 열심히 일하는 코딩 강사였다. 매일 밤, 그는 새로운 유튜브 영상 제작에 몰두했다. 1년 후, 그의 구독자는 겨우 300명이었다.

“내가 뭘 잘못하고 있지? 더 열심히 해야 하나?” 그는 자문했다.

그러던 어느 날, 그는 중요한 깨달음을 얻었다. 사람들은 ‘더 많은 콘텐츠’가 아닌 ‘증명된 전문성’을 원한다는 것을.

지금부터 마이클이 어떻게 AI를 활용해 자신의 브랜드를 완전히 변화시켰는지, 그 과정을 하나씩 보여줄 것이다.

Develop 브랜드 스코어 개발_4단계(7D)

브랜드 성장의 숨겨진 공식 이해하기

가장 먼저, 마이클은 자신의 브랜드 스코어를 측정했다:

- 출판된 책: 0
- 공식 인증: 2
- 멘토링한 학생 수: 20
- 해결한 문제: 50+

이 숫자들이 말해주는 것은 무엇이었을까? 그는 실제로는 가치 있는 경험이 있지만, 이를 '증명 가능한 방식'으로 보여주지 못했다는 것이다.

여러분을 위한 실행 단계:

1. 지금 당장 종이를 꺼내 자신의 '브랜드 스코어'를 작성한다.
2. 어떤 숫자들이 당신의 전문성을 객관적으로 증명할 수 있는가?
3. 어떤 부분이 부족한가?

마이클은 브랜드 구축에 두 가지 핵심 요소가 필요하다는 것을 발견했다:

1. **정량적 요소**: 측정 가능한 전문성 증거(300프로젝트)

2. **정성적 요소**: 감동과 차별화를 주는 독특한 가치(WOW 프로젝트)

이 두 요소는 상호보완적이며, AI 시대에는 이 둘을 모두 체계적으로 구축할 수 있다.

브랜드 증명의 3가지 필수 요소:

마이클이 발견한 브랜드 증명의 3가지 핵심 요소는 다음과 같다:

1. **공식 출판물**: 책이나 논문 같은 공식적 인증
2. **300프로젝트**: 100권 읽기 + 100명 인터뷰 + 100개 콘텐츠
3. **WOW 요소**: 타인에게 깊은 감동을 주는 차별화된 가치

300프로젝트로 정량적 브랜드 자산 구축하기

마이클이 처음 시작한 것은 조연심의 300프로젝트 접근법을 AI로 강화하는 것이었다.

100권의 책:
분야별 지식 체계화 시스템과 AI 독서 요약 자동화

마이클은 AI 도구를 활용해 자신의 분야에서 필수적인 100권의 책 목록을 만들었다. 그리고 놀라운 방법을 발견했다. 그는 모든 책을 처음부터 끝까지 읽지 않았다. 대신:

1. AI로 각 책의 핵심 개념을 추출
2. 가장 중요한 장들만 선별하여 집중 독서
3. 책의 통찰을 자신의 프로젝트와 연결하는 AI 요약 시스템 구축

마이클은 이렇게 말한다. "예전에는 한 달에 1~2권 읽었는데, 이제는 깊이 있게 5~6권을 소화합니다. 더 중요한 건, 이 지식을 체계적으로 연결한다는 점이죠."

100명의 인터뷰:
전문가 네트워크 구축 및 AI 인터뷰 준비 시스템

마이클의 도전은 업계 전문가 100명과의 인터뷰였다.
마이클의 인터뷰 프로세스:
1. AI로 잠재적 인터뷰 대상자 데이터베이스 구축
2. 맞춤형 접근 메시지 자동 생성 시스템 구현
3. AI 기반 인터뷰 질문 준비 및 분석 도구 개발

조연심처럼, 마이클도 인터뷰를 통해 업계 리더들과 연결되었다.

> "처음에는 무명이었던 제가 업계 리더들과 대화할 수 있게 된 비결은 철저한 준비였습니다. AI는 각 전문가의 모든 과거 인터뷰와 저작물을 분석해 정말 깊이 있는 질문을 준비해 주었죠."

이 부분에서 조연심의 사례는 특히 인상적이다. 그녀는 300프로젝트의 원래 목표인 100명을 훨씬 뛰어넘어 300명 이상의 전문가를 인터뷰했다. 로버트 기요사키(《부자아빠 가난한 아빠》 저자), 존 리(전 메리츠자산운용의 CEO)와 같은 글로벌 인물부터 인순이(가수), 도성훈(인천광역시교육감) 등 국내 유명 인사까지, 그녀의 인터뷰 포트폴리오는 그 자체로 강력한 브랜드 자산이 되었다.
조연심은 이 인터뷰들을 조연심의 브랜드쇼와 브랜드 인사이드 프로그램을 통해 진행하고, 디지털 플랫폼(유튜브, 네이버TV 등)에 체계적으로 아카이빙했다. 이 과정에서 그녀는 단순히 인터뷰어가 아닌, 토크쇼 진행자로서의 전문성을 입증했다.
오늘날 AI를 활용하면 이러한 인터뷰 과정을 더욱 효율적으로 발전시킬 수 있다. 인터뷰 준비, 질문 생성, 내용 분석, 아카이빙을 AI로 자동화하여 더 깊이 있는 대화에 집중할 수 있다.

100개의 칼럼:
AI 기반 콘텐츠 캘린더와 자동 생산 파이프라인

마이클은 100개의 고품질 칼럼을 어떻게 효율적으로 만들었을까?

그의 콘텐츠 전략:

1. 핵심 주제 클러스터 20개 선정
2. 각 클러스터에 5개의 세부 주제 배치
3. AI 콘텐츠 템플릿으로 초안 자동 생성
4. 자신의 독특한 통찰과 경험 추가

> "저는 매일 새 콘텐츠를 만들지 않습니다. 대신 일주일에 하루, 3~4개의 고품질 콘텐츠를 만들어 일정에 따라 발행합니다. 이것이 실제로 제 영향력을 10배 증가시켰죠."

데이터 기반 전문성 평가:
당신의 지식 포트폴리오를 숫자로 증명하기

마이클은 자신의 300프로젝트를 추적하기 위해 AI 대시보드를 만들었다:

- 책 독서 진행률: 67/100(67%)
- 인터뷰 완료: 42/100(42%)
- 칼럼 발행: 58/100(58%)
- 지식 연결 네트워크: 1,240개 개념 간 연결

> "이 숫자들이 제 전문성을 객관적으로 증명합니다. 이제 저는 '저는 AI 전문가입니다'라고 말하는 대신, '저는 67권의 AI 관련 서적을 체계화하고, 42명의 업계 리더를 인터뷰했습니다'라고 말합니다."

여러분을 위한 실행 단계:

1. 오늘 당장 자신의 분야에서 반드시 읽어야 할 10권의 책 목록을 만드세요.
2. 이번 주에 인터뷰하고 싶은 첫 번째 전문가를 선택하고 AI로 맞춤형 접근 메시지를 만드세요.
3. 자신의 주요 콘텐츠 주제를 5개의 클러스터로 정리하세요.

WOW 프로젝트로 정성적 브랜드 차별화 만들기

감동을 주는 WOW 요소 발견: AI 기반 차별화 포인트 분석

마이클의 두 번째 전략은 WOW 프로젝트를 개발하는 것이었다. 마이클은 자신의 브랜드에 감동적인 요소가 필요하다는 것을 깨달았다. 그가 AI를 활용해 WOW 요소를 발견한 방법은:

1. 자신의 독특한 경험과 관점 데이터베이스 구축
2. 업계 트렌드와 경쟁자 분석 자동화
3. 교차점에서 독특한 기회 영역 도출

그는 자신의 독특한 '비전공자를 위한 AI 개발' 접근법이 큰 차별점이 될 수 있음을 발견했다.

WOW 프로젝트 설계 과정: 스토리텔링과 경험 디자인의 자동화

마이클의 WOW 프로젝트는 "코드 한 줄 없이 AI 앱 100개 만들기"였다. 이는 전형적인 코딩 튜토리얼과는 완전히 달랐다. 이 프로젝트 설계를 위해:

1. AI로 100개의 실용적 앱 아이디어 생성

2. 비개발자도 따라 할 수 있는 단계별 가이드 자동화
3. 스토리텔링 프레임워크로 각 앱의 실제 문제 해결 사례 구성

"대부분의 AI 튜토리얼은 너무 기술적이거나 너무 단순합니다. 저는 중간 지점을 찾았고, 이것이 제 WOW 요소가 되었습니다. 첫 달에 저의 '코드 없는 AI 앱' 시리즈를 통해 372명이 자신만의 앱을 완성했습니다. 이것이 제게 가장 큰 보람이었죠."

여러분을 위한 실행 단계:

1. 자신의 분야에서 대부분의 사람과 다른 접근법은 무엇인가요?
2. 그것을 어떻게 프로젝트화할 수 있을까요?
3. 어떻게 하면 청중에게 "와우!"라는 반응을 이끌어낼 수 있을까요?

AI 콘텐츠 자동화 시스템 구축하기:

콘텐츠 생산의 80%를 자동화하는 AI 도구 설정 가이드

마이클의 콘텐츠 자동화 시스템:

1. 월요일 아침 한 시간 투자: 주간 계획 수립
2. 주요 콘텐츠 파이프라인 설계
3. AI 도구로 초안 자동 생성
4. 도구 간 워크플로우 자동화
5. 멀티채널 최적화 및 배포 자동화

"저는 월요일 아침에 한 시간만 투자하면 일주일 치 콘텐츠가 자동으로 생성됩니다. 물론 최종 검토와 개인적 통찰 추가는 직접 하지만, 기본 작업의 80%는 자동화되어 있죠."

AI 글쓰기 시스템:
한 번의 설정으로 주간 콘텐츠 자동 생성

마이클의 글쓰기 자동화 시스템:

1. 콘텐츠 브리핑 템플릿 개발
2. AI 작성 프롬프트 라이브러리 구축
3. 개인 스타일과 톤을 학습한 맞춤형 모델 활용

> "제 AI 시스템은 제 말투와 설명 스타일을 학습했습니다. 초안은 마치 제가 쓴 것 같지만, 저는 가치 있는 통찰을 추가하는 데 집중합니다."

디자인 자동화:
브랜드 일관성을 유지하는 시각적 콘텐츠 파이프라인

시각적 콘텐츠 자동화를 위한 마이클의 시스템:

1. 브랜드 디자인 시스템 정의 및 템플릿화
2. 콘텐츠 유형별 시각화 자동 생성 파이프라인
3. 멀티미디어 형식 변환 자동화

> "이제 하나의 블로그 포스트에서 Instagram 이미지, YouTube 썸네일, 인포그래픽이 자동으로 생성됩니다. 모두 일관된 브랜드 아이덴티티를 유지하면서요."

멀티채널 배포 자동화:
한 번 만들고 여러 플랫폼에 최적화하기

마이클의 멀티채널 전략:

1. 플랫폼별 콘텐츠 최적화 AI 시스템

2. 자동 스케줄링 및 크로스 프로모션
3. 성과 분석 및 피드백 루프 구축

"하나의 핵심 콘텐츠에서 LinkedIn용, Twitter용, YouTube용 버전이 자동으로 최적화됩니다. 같은 메시지지만 각 플랫폼에 맞게 조정되죠."

여러분을 위한 실행 단계:

1. 자신의 콘텐츠 생산 과정을 단계별로 나열한다.
2. 각 단계에서 AI로 자동화할 수 있는 부분을 확인한다.
3. 첫 번째 자동화 시스템(예: 뉴스레터 자동화)을 설정한다.

디지털 발자국 최적화로 브랜드 증폭하기

마이클은 자신의 모든 활동을 온라인에 체계적으로 기록했다:

1. 온라인 포트폴리오에 300프로젝트 진행 상황 표시
2. WOW 프로젝트 결과물 쇼케이스
3. AI 기반 SEO 최적화로 검색 가시성 향상

성장 지표 대시보드:

브랜드 자산 축적을 시각화하는 방법

마이클의 브랜드 측정 대시보드:

1. 300프로젝트 진행 상황 추적
2. WOW 프로젝트 임팩트 측정
3. 브랜드 영향력 핵심 지표 시각화

"저는 주간 리뷰에서 이 대시보드를 확인합니다. 숫자가 지속적으로 상승하는 것을 보는 것이 큰 동기부여가 되죠."

여러분을 위한 실행 단계:

1. 자신의 온라인 포트폴리오가 정량적, 정성적 전문성을 모두 보여주는가?
2. 가장 중요한 키워드 5개를 선택하고 그에 맞는 콘텐츠 클러스터를 계획한다.
3. 매주 진행 상황을 온라인에 업데이트하는 시스템을 만든다.

"6개월 만에 제 사이트 트래픽이 10배 증가했습니다. 비결은 양보다 질, 그리고 체계적인 콘텐츠 클러스터링이었죠."

조연심의 경우도 그녀의 콘텐츠가 온라인에서 검색 가능하고 접근 가능하도록 디지털 최적화에 신경 썼다. 오늘날에는 AI를 활용하여 인터뷰 콘텐츠에서 키워드를 추출하고, 관련 주제를 클러스터링하며, 검색 최적화를 자동화할 수 있어 훨씬 효율적이다.

디지털 평판 관리:
자동화된 모니터링과 강화 전략

마이클의 평판 관리 시스템:

1. 브랜드 언급 자동 모니터링
2. 중요 대화와 기회 알림
3. 긍정적 평판 증폭을 위한 자동 응답

"제 이름이 업계 대화에 언급될 때마다 알림을 받습니다. 이를 통해 중요한 논의에 적시에 참여할 수 있죠."

브랜드 스코어 측정:
자타공인 전문가 지위를 데이터로 증명하기

마이클의 브랜드 스코어카드:

1. 객관적 지표(인용, 언급, 초대) 추적
2. 주관적 지표(영향력, 신뢰도) 분석
3. 업계 평균과 비교 분석

> "이제 저는 '저는 전문가입니다'라고 말하지 않습니다. 대신 '제 콘텐츠는 업계 리더들에 의해 137번 인용되었습니다'라고 말하죠."

조연심의 브랜드 스코어는 "300명 이상의 전문가 인터뷰"라는 강력한 숫자로 증명된다. 이는 단순한 숫자를 넘어 그녀가 다양한 분야의 지식과 네트워크를 가지고 있음을 증명한다. 특히 로버트 기요사키, 존 리와 같은 글로벌 인물부터 국내 유명 인사까지 폭넓은 인터뷰 포트폴리오는 그녀의 전문성과 영향력을 객관적으로 보여주는 지표다.

브랜드 자산을 수익화하는 시스템 구축
책 출판 자동화: AI로 300프로젝트를 출판 가능한 책으로 변환

마이클의 책 출판 접근법:

1. 기존 콘텐츠 클러스터를 책 챕터로 재구성
2. AI 편집 지원 시스템으로 일관성 확보
3. 셀프 퍼블리싱 프로세스 자동화

> "제 첫 책 '코드 없이 AI 마스터하기'는 이미 작성한 콘텐츠의 체

계적 재구성이었습니다. 처음부터 쓰지 않았죠."

디지털 제품 생성:
축적된 전문성을 온라인 코스와 제품으로 패키징

마이클의 디지털 제품 전략:

1. 핵심 전문성 영역별 제품 라인 설계
2. 내용 기획과 제작 자동화
3. 판매와 배송 시스템 구축

"제 첫 코스는 출시 첫 달에 $27,000의 수익을 올렸습니다. 이미 증명된 전문성이 있었기에 가능했죠."

영향력 마켓플레이스:
구축한 브랜드 자산으로 협업과 파트너십 유치

마이클의 협업 전략:

1. 잠재적 파트너 자동 매칭 시스템
2. 가치 제안 템플릿 라이브러리
3. 파트너십 관리 자동화

"이제 협업 제안이 제게 들어옵니다. 6개월 전만 해도 제가 이메일을 보내고 거절당했던 같은 사람들로부터요."

자동화된 성장 사이클:
콘텐츠에서 수익까지의 끊김 없는 파이프라인

마이클의 통합 성장 시스템:

1. 콘텐츠에서 리드, 리드에서 고객으로 전환 자동화

2. 기존 고객 가치 극대화 프로그램
3. 추천과 입소문 증폭 시스템

"이제 제 비즈니스는 잠잘 때도 성장합니다. 모든 단계가 연결되어 자동으로 작동하니까요."

정리하자면, 마이클의 수익화 전략:
1. 기존 콘텐츠를 AI로 재구성하여 책 출판
2. 300프로젝트와 WOW 프로젝트 결과물을 온라인 코스로 패키징
3. 구축한 전문성으로 고가치 컨설팅 제안

여러분을 위한 실행 단계:
1. 자신의 콘텐츠 중 가장 가치 있는 부분을 식별한다.
2. 그것을 어떻게 제품이나 서비스로 패키징할 수 있을까?
3. 첫 번째 수익화 전략을 선택하고 실행 계획을 세운다.

결과:
마이클의 변신
1년 후, 마이클은 더 이상 '그냥 또 하나의 코딩 강사'가 아니었다:
- 베스트셀러 AI 도서의 저자
- "코드 없는 AI" 운동의 선구자
- 연간 $350,000 이상의 수익

그리고 가장 중요한 것은? 그는 이 모든 것을 콘텐츠 생산에 파묻혀 살지 않고 이루었다. 그의 주당 작업 시간은 실제로 20시간으로 줄었다.

한편, 조연심은 300프로젝트와 WOW 요소를 결합하여:

- 300명 이상의 전문가를 인터뷰한 토크쇼 진행자
- 자기계발과 브랜딩 분야의 인정받는 전문가
- 청소년부터 기업가까지 다양한 대상을 위한 교육 프로그램 개발자

로 성장했다. 그녀의 접근법은 단순한 자기계발을 넘어 “인생의 반전”을 이끌어내는 방법론으로 인정받게 되었다.

프롬프트:

"

AI 기반 브랜드 성장 시스템을 구축해 줘.

"

---

1. 브랜드 성장 진단 프롬프트

내 현재 퍼스널 브랜드의 객관적 진단을 도와주세요:

1. 분야: [당신의 전문 분야]
2. 현재 콘텐츠 생산 활동: [주간 활동 설명]
3. 현재 온라인 존재감: [웹사이트, 소셜 미디어 등 설명]
4. 측정 가능한 전문성 지표: [보유한 자격증, 경험, 성과 등]
5. 고유한 관점이나 접근법: [당신만의 차별점]

다음 사항을 분석해 주세요:

- 내 전문성을 객관적으로 증명할 수 있는 데이터 포인트
- 브랜드 스코어 현황 및 개선 가능한 영역
- 정량적 측면과 정성적 측면에서의 강점과 약점
- 300프로젝트와 WOW 프로젝트를 적용할 때 가장 큰 레버리지 포인트
- 브랜드 구축을 위한 맞춤형 자동화 우선순위 제안

2. 300프로젝트 설계 프롬프트

내 [전문 분야]에 특화된, AI로 강화된 300프로젝트 계획을 수립해 주세요:

1. 독서 목표(100권):
 - 현재까지 읽은 주요 서적: [목록]
 - 관심 하위 분야: [목록]
2. 인터뷰 목표(100명):
 - 현재 네트워크 상태: [설명]
 - 접근하고 싶은 전문가 유형: [설명]
3. 콘텐츠 목표(100개):
 - 현재 콘텐츠 생산 상태: [설명]
 - 주요 주제 영역: [목록]

다음을 포함한 세부 계획을 제시해 주세요:
 - 각 카테고리별 우선순위가 있는 실행 계획
 - AI 도구를 활용한 자동화 가능 영역
 - 주요 마일스톤과 측정 지표
 - 300프로젝트를 추적하기 위한 대시보드 설계
 - 각 요소의 상호연결 방법(예: 독서 통찰을 인터뷰 질문과 콘텐츠로 연결)

내 [전문 분야]에 특화된, AI로 강화된 300프로젝트 계획을 수립해 주세요:

1. 독서 목표(100권):
 - 현재까지 읽은 주요 서적: [목록]

- 관심 하위 분야: [목록]

2. 인터뷰 목표(100명):

- 현재 네트워크 상태: [설명]

- 접근하고 싶은 전문가 유형: [설명]

3. 콘텐츠 목표(100개):

- 현재 콘텐츠 생산 상태: [설명]

- 주요 주제 영역: [목록]

다음을 포함한 세부 계획을 제시해 주세요:

- 각 카테고리별 우선순위가 있는 실행 계획

- AI 도구를 활용한 자동화 가능 영역

- 주요 마일스톤과 측정 지표

- 300프로젝트를 추적하기 위한 대시보드 설계

- 각 요소의 상호연결 방법(예: 독서 통찰을 인터뷰 질문과 콘텐츠로 연결)

3. WOW 프로젝트 발굴 프롬프트

내 전문 분야에서 진정한 WOW 요소를 발견하고 프로젝트화하는 것을 도와주세요:

1. 내 전문 지식 및 경험: [세부 설명]

2. 내가 해결하고자 하는 문제: [설명]

3. 내 청중/고객의 주요 고충점: [목록]

4. 나만의 독특한 관점/방법론: [설명]

5. 이미 시도해 본 접근법: [목록]

다음 사항을 분석해 주세요:

- 내 배경과 전문성을 바탕으로 한 잠재적 WOW 프로젝트 3~5개
- 각 프로젝트의 차별화 요소와 감동 포인트
- 프로젝트 실행을 위한 단계별 계획
- 필요한 리소스와 활용 가능한 AI 도구
- 프로젝트의 영향력을 극대화하기 위한 스토리텔링 전략

4. AI 콘텐츠 자동화 시스템 설계 프롬프트

내 [전문 분야]를 위한 AI 기반 콘텐츠 생산 파이프라인을 설계해 주세요:

1. 주요 콘텐츠 유형: [블로그, 뉴스레터, 소셜 미디어 등]
2. 발행 빈도: [주간/격주간/월간 등]
3. 주요 주제 영역: [목록]
4. 브랜드 톤과 스타일: [설명]
5. 현재 사용 중인 도구: [목록]

다음 요소를 포함한 자동화 시스템을 설계해 주세요:

- 콘텐츠 아이디어 생성 및 선별 자동화
- 연구 및 데이터 수집 자동화
- 콘텐츠 초안 생성 및 편집 워크플로우
- 시각적 요소 생성 자동화
- 멀티채널 최적화 및 배포 시스템
- 성과 측정 및 피드백 루프
- 전체 시스템을 위한 주간 워크플로우와 시간 견적

5. 브랜드 성장 저널링 시스템 프롬프트

내 전문성과 브랜드 성장을 체계적으로 기록하고 활용하는 AI 기반 저널링 시스템을 설계해 주세요:

1. 주요 기록하고 싶은 영역: [학습, 프로젝트, 통찰 등]
2. 현재 지식 관리 방식: [메모, 노트앱 등]
3. 콘텐츠 재활용 목표: [설명]
4. 일일/주간 가용 시간: [시간]

다음 요소를 포함해 주세요:

- 일일 저널링을 위한 AI 기반 템플릿
- 핵심 통찰을 자동으로 추출하고 카테고리화하는 시스템
- 축적된 지식을 검색하고 연결하는 방법
- 저널링에서 콘텐츠 생성으로 이어지는 자동화 워크플로우
- 성장 측정을 위한 주요 지표와 대시보드 설계
- 5분 이내로 완료할 수 있는 일일 루틴

6. 디지털 발자국 최적화 프롬프트

내 온라인 존재감과 디지털 발자국을 최적화하는 전략을 개발해 주세요:

1. 현재 온라인 플랫폼: [웹사이트, 소셜 미디어 등]
2. 핵심 키워드 및 주제: [목록]
3. 타깃 청중: [설명]
4. 주요 경쟁자/동료: [목록]
5. 현재 SEO 접근법: [설명]

다음 요소를 포함한 전략을 제시해 주세요:

- 내 300프로젝트와 WOW 프로젝트를 효과적으로 보여줄 온라인 포트폴리오 구조
- 플랫폼별 최적화 전략(검색 엔진, 소셜 미디어 등)
- 콘텐츠 재활용 및 크로스 플랫폼 전략
- 온라인 평판 관리 및 모니터링 자동화
- 디지털 자산 추적 및 영향력 측정 방법
- 주요 플랫폼에서의 브랜드 일관성 유지 방안

7. 브랜드 자산 수익화 프롬프트

내 300프로젝트와 WOW 프로젝트를 통해 구축한 전문성을 수익화하는 전략을 개발해 주세요:

1. 현재 수익 모델: [있다면 설명]
2. 제공 가능한 가치: [전문 지식, 기술, 솔루션 등]
3. 타깃 고객/청중: [설명]
4. 선호하는 수익화 방식: [코칭, 컨설팅, 제품 등]
5. 현재 보유 자산: [콘텐츠, 네트워크 등]

다음을 포함한 수익화 전략을 제시해 주세요:

- 책/출판물 개발 계획(기존 콘텐츠 활용)
- 디지털 제품 라인 설계(코스, 멤버십, 도구 등)
- 서비스 제안 모델링(컨설팅, 코칭, 워크숍 등)
- 파트너십 및 협업 전략
- 판매 및 마케팅 자동화 시스템
- 단계별 수익화 로드맵(즉시, 30일, 90일, 1년)

체크리스트:

브랜드 성장을 위한 단계별 상태 점검

1. 브랜드 성장 기반 준비 체크리스트

브랜드 진단

- 현재 브랜드 포지셔닝 문서화
- 정량적 성과 지표 수집 및 정리
- 경쟁자/동료 분석 완료
- 차별화 포인트 명확화
- 개인 브랜드 스코어카드 개발

프로젝트 설정

- 300프로젝트 마스터 문서 생성
- WOW 프로젝트 컨셉 문서 개발
- 프로젝트 트래킹 시스템 설정
- 브랜드 핵심 메시지 정의
- AI 툴 스택 구성(추천 도구 목록에서 선택)

2. 300프로젝트 실행 체크리스트

독서 시스템(100권)

- 분야별 독서 목록 작성
- AI 기반 독서 요약 템플릿 설정
- 주간 독서 루틴 설정
- 독서 통찰력 데이터베이스 구축
- 독서 진행 상황 추적 시스템 활성화

인터뷰 시스템(100명)

- 잠재적 인터뷰 대상자 데이터베이스 구축
- 인터뷰 요청 템플릿 개발
- AI 기반 인터뷰 질문 생성 시스템 설정
- 인터뷰 콘텐츠 관리 및 아카이빙 시스템 구축
- 인터뷰 후속 프로세스 자동화

콘텐츠 시스템(100개)

- 콘텐츠 주제 클러스터 개발
- 콘텐츠 템플릿 라이브러리 구축
- AI 초안 생성 프롬프트 세트 준비
- 콘텐츠 캘린더 및 일정 설정
- 콘텐츠 성과 측정 대시보드 구축

3. WOW 프로젝트 실행 체크리스트

프로젝트 개발

- 핵심 WOW 요소 선정 및 문서화
- 프로젝트 범위 및 목표 정의

- 필요 자원 목록 작성
- 단계별 실행 계획 수립
- 성공 측정 기준 설정

프로토타입 제작

- 최소 기능 프로토타입 개발
- 초기 테스터 그룹 모집
- 피드백 수집 시스템 설정
- 프로토타입 반복 개선 계획
- 학습 및 통찰 문서화

런칭 및 확산

- 런칭 커뮤니케이션 계획 수립
- 참여자 경험 디자인 세부화
- 스토리텔링 자료 준비
- 영향력 추적 시스템 설정
- 확산 전략 실행 계획 수립

4. AI 콘텐츠 자동화 체크리스트

시스템 설정

- 핵심 AI 도구 선정 및 설정
- 콘텐츠 브리핑 템플릿 개발
- 개인 스타일 가이드 문서화
- 워크플로우 자동화 설정
- 품질 관리 체크포인트 정의

콘텐츠 생산

- 아이디어 생성 프로세스 자동화

- 리서치 수집 자동화 설정
- 초안 생성 프롬프트 최적화
- 편집 및 개선 워크플로우 설정
- 콘텐츠 버전 관리 시스템 구축

멀티채널 최적화

- 플랫폼별 콘텐츠 변환 자동화
- 시각적 자산 생성 파이프라인 설정
- 발행 일정 자동화
- 크로스 프로모션 시스템 설정
- 성과 분석 자동화 구축

5. 디지털 발자국 최적화 체크리스트

온라인 존재감

- 개인 웹사이트/포트폴리오 최적화
- 소셜 미디어 프로필 브랜드 정렬
- 콘텐츠 아카이브 체계화
- 크로스 플랫폼 일관성 확보
- 바이오 및 핵심 메시지 최적화

SEO 및 검색 최적화

- 키워드 연구 및 매핑 완료
- 콘텐츠 SEO 최적화 계획 수립
- 내부 링크 전략 개발
- 기술적 SEO 개선
- 검색 성과 추적 시스템 설정

평판 관리

- 브랜드 언급 모니터링 시스템 설정
- 자동 알림 설정
- 대응 템플릿 라이브러리 구축
- 긍정적 평판 증폭 전략 수립
- 평판 측정 대시보드 구축

6. 브랜드 자산 수익화 체크리스트

제품 개발

- 책/출판물 기획 문서 작성
- 디지털 제품 개발 로드맵 수립
- 서비스 패키지 설계
- 가격 전략 개발
- 제품 프로토타입 개발

판매 자동화

- 판매 페이지 설정
- 결제 시스템 통합
- 이메일 마케팅 시퀀스 설정
- 고객 온보딩 프로세스 자동화
- 고객 피드백 시스템 구축

확장 전략

- 파트너십 개발 계획 수립
- 제휴 마케팅 전략 개발
- 스케일링 로드맵 작성
- 수익 다각화 계획 수립
- 장기 브랜드 자산 발전 계획 개발

브랜드 자산 구축을 위한 주간 계획

1주 차: 기반 구축 단계

- 월요일: 브랜드 진단 수행(위 체크리스트 사용)
- 화요일: 300프로젝트를 위한 첫 5권의 책 선정 및 AI 요약 도구 설정
- 수요일: 첫 번째 인터뷰 대상 3명에게 맞춤형 접근 메시지 발송
- 목요일: 주요 콘텐츠 주제 5개 클러스터 정의 및 AI 콘텐츠 생성 템플릿 개발
- 금요일: 온라인 포트폴리오 현황 점검 및 개선 계획 수립

"첫주차에 설정하는 기반이 앞으로 몇 달의 성공을 결정합니다. 섣불리 콘텐츠 생산에 뛰어들지 말고, 체계적인 시스템을 먼저 구축하세요."

2주차: WOW 프로젝트 설계 단계

- 월요일: 가능한 WOW 프로젝트 아이디어 3개 개발
- 화요일: 각 아이디어의 잠재적 임팩트 분석
- 수요일: 최종 WOW 프로젝트 선정 및 세부 설계
- 목요일: 프로젝트 실행을 위한 자원 및 도구 확보
- 금요일: 최소 실행 가능 프로토타입 개발 계획 수립

"당신만의 WOW 요소는 무엇인가요? 여러분이 제공하는 가치 중에서 사람들이 '와우!'라고 말하게 만드는 것을 찾으세요. 그것이 모든 차이를 만들 것입니다."

3주차: 콘텐츠 자동화 시스템 구축 단계

- 월요일: 콘텐츠 생산 프로세스 매핑 및 자동화 포인트 식별
- 화요일: 핵심 AI 도구 선정 및 설정
- 수요일: 첫 번째 자동화된 콘텐츠 파이프라인 구축
- 목요일: 템플릿 및 프롬프트 라이브러리 개발
- 금요일: 워크플로우 테스트 및 최적화

"콘텐츠 생산의 80%는 자동화될 수 있습니다. 나머지 20%에 여러분의 독특한 통찰과 경험을 더하세요. 그것이 진정한 가치를 만듭니다."

4주차: 브랜드 자산 활성화 단계

- 월요일: 브랜드 스코어카드 구축 및 핵심 지표 설정
- 화요일: 디지털 발자국 최적화 전략 개발
- 수요일: 첫 번째 수익화 모델 설계
- 목요일: 자동화된 성장 추적 시스템 구축
- 금요일: 첫 달 리뷰 및 다음 달 전략 수립

"여러분이 구축한 브랜드 자산은 수익화될 준비가 되어 있나요? 전문성을 증명할 수 있다면, 수익은 자연스럽게 따라올 것입니다."

90일 구현 로드맵

1~30일: 기반 구축

- 1주차: 브랜드 진단 및 300+WOW 프로젝트 계획 수립

- 2주차: 핵심 AI 도구 설정 및 기본 워크플로우 구축
- 3주차: 첫 번째 자동화된 콘텐츠 시스템 개발
- 4주차: 디지털 발자국 최적화 착수

31~60일: 확장 및 최적화

- 5주차: WOW 프로젝트 프로토타입 개발
- 6주차: 콘텐츠 자동화 시스템 강화
- 7주차: 300프로젝트 진행 가속화
- 8주차: 브랜드 성장 측정 시스템 개선

61~90일: 수익화 및 통합

- 9주차: 브랜드 자산 수익화 전략 개발
- 10주차: 첫 번째 제품/서비스 출시
- 11주차: 전체 시스템 통합 및 자동화 강화
- 12주차: 성과 평가 및 장기 전략 수립

성공 팁:

마이클과 조연심의 사례에서 배운 가장 중요한 교훈은 무엇일까? 그것은 바로 브랜드 구축이 마라톤이 아니라 체계적인 시스템의 문제라는 것이다.

전통적인 접근법은 "더 많이, 더 자주, 더 열심히"였다. 하지만 AI 시대의 퍼스널 브랜딩은 "더 전략적으로, 더 체계적으로, 더 증명 가능하게"다.

지금 이 순간, 당신은 두 갈래 길 앞에 서 있다:

한쪽은 익숙한 길이다. 매일 콘텐츠를 만들고, 끊임없이 새로운 것을 생산하는 소모적인 방식으로 계속 가는 길. 알고리즘에 맞춰 춤추며, 양적 생산에 지치는 삶. 그 길은 분명 익숙하다. 하지만 그 끝에는 결국 번아웃이 기다리고 있지 않을까?

다른 한쪽은 전략적인 길이다. 300프로젝트와 WOW 요소로 증명 가능한 브랜드 자산을 구축하고, AI로 콘텐츠 생산의 80%를 자동화하는 길. 조연심처럼 300명 이상의 인터뷰로, 마이클처럼 자동화된 시스템으로 더 적은 시간에 더 큰 영향력을 만드는 길. 처음에는 도전적일 수 있다. 하지만 그 길은 지속 가능한 성장으로 이어진다.

어떤 길을 선택할 것인가? 양보다 질, 주장보다 증명, 노동보다 전략을 선택할 것인가?

기억하라! AI 퍼스널 브랜딩 2.0의 핵심은 "매일 콘텐츠 만들기"가 아니다. 체계적으로 증명 가능한 브랜드 자산을 구축하는 것이다. 마이클과 조연심이 했던 것처럼, 여러분도 할 수 있다.

다음 장에서는 구축한 브랜드 자산을 바탕으로 어떻게 경쟁이 아닌 차별화에 집중하는지, AI 시대에 독보적인 포지셔닝을 확립하는 방법을 알아보겠다. 단순히 더 눈에 띄는 것이 아닌, 당신만의 독창성을 극대화하는 전략을 발견할 것이다.

당신은 콘텐츠의 노예가 되고 싶은가, 아니면 브랜드 자산의 주인이 되고 싶은가?

오늘 시스템을 구축하라, 그러면 내일은 시스템이 당신을 위해 일할 것이다.

"전략 없는 콘텐츠는 목적지 없는 여행과 같다."

"Content without strategy is like a journey without destination."

- 앤 핸들리

제7장

Differentiate: 차별화된 퍼스널 브랜드 포지셔닝 전략

에피소드 7:

“브랜딩은 경쟁이 아니라 차별화다”

마케팅 컨설턴트 정민수(36세)는 오랫동안 답답함을 느꼈다. 5년간 대기업에서 마케팅 경력을 쌓은 후 독립해 컨설팅 비즈니스를 시작했지만, 클라이언트를 유치하는 과정이 생각보다 훨씬 어려웠다.

“마케팅 컨설턴트라고 하면 다들 그냥 ‘아, 그런가 보다’ 하고 넘어가요. 제가 어떤 가치를 제공하는지 설명하기도 전에 대화가 끝나버려요.”

더 큰 문제는 가격 협상이었다. 잠재 고객들은 항상 “다른 컨설턴트보다 비싸다.”라며 가격 인하를 요구했고, 민수는 어쩔 수 없이 수수료를 낮추곤 했다. 어느 날, 온라인 마케팅 커뮤니티에서 한 게시물이 그의 눈에 들어왔다.

“당신이 경쟁자와 똑같이 보인다면, 유일한 차별점은 가격뿐입니다. 진정한 브랜딩은 경쟁이 아닌 차별화에서 시작됩니다.”

그 글을 본 후, 민수는 포지셔닝에 관한 책들을 구매했고, 특히 ‘포지셔닝’과 ‘차별화’ 전략에 깊은 인상을 받았다. 그는 ChatGPT를 활용해 자신의 전문 분야, 작업 방식, 고객층을 철저히 분석하기

Differentiate 차별화된 포지셔닝_5단계(7D)

시작했다.

"지금까지의 성공 사례를 분석해 보니, 민수님은 특히 소규모 F&B 비즈니스의 디지털 전환에서 뛰어난 성과를 보였습니다. 또한 데이터 분석과 고객 여정 매핑을 결합한 독특한 접근법을 가지고 있군요."

AI의 분석을 바탕으로 민수는 자신의 브랜드를 완전히 재정립했다. 더 이상 "마케팅 컨설턴트"가 아닌, "소규모 F&B 비즈니스를 위한 데이터 기반 디지털 전환 전략가"로 자신을 포지셔닝했다. 그리고 놀라운 변화가 일어났다. 3개월 만에:

- 가격 협상 요청이 90% 감소했다.
- 타깃 업종에서 들어오는 문의가 4배 증가했다.
- 고객 만족도와 프로젝트 성공률이 크게 향상됐다.

"제가 누구인지, 무엇을 하는지 명확히 하자 제 브랜드가 완전히 달라졌어요. 더 이상 '아무나'와 경쟁하지 않고, 저만의 특별한 가치를 인정받게 되었습니다."

퍼스널 브랜딩에서 포지셔닝이란?

퍼스널 브랜딩에서 포지셔닝(Positioning)은 "사람들이 나를 어떤 전문가로 인식하게 만들 것인가?"를 결정하는 과정이다.

✔ 김미경 = "자기계발 & 여성 리더십 전문가"

✔ 조승연 = "언어 & 역사 스토리텔러"

✔ 손미나 = "여행과 라이프스타일 큐레이터"

이들은 단순한 강사가 아니라, 특정한 콘셉트로 포지셔닝을 확립했기 때문에 차별화된 브랜드를 갖게 되었다.

왜 퍼스널 브랜딩에서 포지셔닝이 중요한가?

경쟁 속에서 나만의 자리(틈새시장)를 만든다.

오늘날 수많은 강사, 유튜버, 컨설턴트가 활동하고 있다. "나는 누구인가?"를 명확히 하지 않으면 경쟁에서 밀려나게 된다.

예시:

같은 자기계발 강사라도, 김미경은 여성 리더십과 커리어에 초점을 맞추며 차별화.

나를 찾는 고객이 명확해진다.

포지셔닝이 확고하면 어떤 사람들이 나를 필요로 하는지 명확해진다.

예시:

- 유재석 = "신뢰할 수 있는 국민 MC" → 브랜드 광고 & 대중 친화적 프로그램 섭외 증가
- 조승연 = "언어 & 역사 스토리텔러" → 방송, 강연, 책 출간까지 연계

나만의 메시지를 구축할 수 있다

어떤 가치를 전달할 것인가? 명확해야 브랜드 메시지가 일관되게 전달될 수 있다.

예시:

- 김창옥 = "소통 전문가" → '소통'이라는 하나의 키워드로 모든 강의가 연결됨.
- 정철 = "브랜드 카피라이터" → 기업 브랜드 컨설팅 & 카피라이팅 교육으로 확장.

고객의 신뢰와 충성도를 높인다.

사람들은 전문성이 확실한 사람에게 신뢰를 느낍니다. 포지셔닝이 명확할수록 팬덤이 형성된다.

예시:

- 이연복 셰프 = "대중적인 중식 요리 전문가" → TV 출연 후 브랜드 가치 상승

퍼스널 브랜딩 포지셔닝 전략(3단계)

1. 나만의 강점 분석:

- “내가 가장 잘하는 것은?”
- “사람들이 나에게 가장 많이 하는 질문은?”

예시:

조승연 → “나는 스토리텔링을 활용해 지식을 쉽게 전달하는 데 강점이 있다.”

2. 차별화 요소 정리:

- “같은 분야에서 활동하는 사람들과 나는 무엇이 다른가?”
- “내 경험, 스타일, 접근 방식에서 독창적인 점은?”

예시:

김창옥 → “소통 강의를 재미있는 개그와 결합해 전달한다.”

3. 브랜드 메시지 & 콘셉트 확립:

- “내 브랜드를 한 문장으로 정의한다면?”
- “사람들이 나를 한마디로 기억하도록 만들려면?”

예시:

✔ 김미경 = “여성을 위한 커리어 & 자기계발 전문가”

✔ 김창옥 = “웃음으로 배우는 소통 전문가”

✔ 조승연 = “언어와 역사를 이야기로 풀어주는 스토리텔러”

결국 퍼스널 브랜딩의 성공은 강력한 포지셔닝으로 완성된다. 포지셔닝이 없으면 그냥 평범한 전문가로 인식될 것이고, 포지셔닝이 명확하면 이 분야의 대표 인물로 자리잡게 된다.

당신의 퍼스널 브랜드는 사람들의 머릿속에 어떤 모습으로 자리잡고 있는가?

AI 시대에서 독보적인 개인 브랜드를 만드는 법

AI 시대에는 차별화의 중요성이 더욱 커졌다. ChatGPT와 같은 도구들이 기본적인 업무를 자동화하면서, 단순 기술이나 정보 제공만으로는 더 이상 경쟁력을 유지하기 어렵게 되었기 때문이다.

"이것도 저것도 합니다"라고 말하는 순간, "아무것도 제대로 하지 못하는 사람"으로 인식될 가능성이 높다. 포지셔닝이 강할수록, 고객은 더 빠르게 신뢰하고 선택한다. 진정한 포지셔닝은 내가 누구인지 말하는 것이 아니라, 내가 무엇을 '하지 않는지'를 명확히 하는 것이다.

당신은 고객에게 어떤 문제를 해결해 주는 사람인가? 선택과 집중이 강력한 브랜드를 만든다.

퍼스널 브랜딩에서 포지셔닝의 핵심: 무엇을 하고, 무엇을 하지 않을 것인가?

1인 기업가(프리워커)와 프리랜서에게 포지셔닝(Positioning)은 선택이 아니라 필수다.

✔ "내가 누구인지?"

✔ “어떤 문제를 해결할 수 있는지?”

✔ “나와 맞지 않는 고객은 누구인지?”

위 세 가지 질문에 대한 답이 명확할수록, 브랜드는 강력해지고 고객의 신뢰는 깊어진다.

하지만 실제로 현장에서 만나는 많은 프리랜서와 1인 기업가가 더 많은 기회를 얻기 위해 모든 걸 할 수 있다고 말하는 실수를 범한다.

> “저는 콘텐츠 기획도 하고, 영상 편집도 가능하고, SNS 마케팅도 할 수 있습니다!” (너무 광범위함)

> “저는 유튜브 교육 콘텐츠 기획을 전문으로 하며, 특히 교육기관과 강사 브랜드를 위한 콘텐츠 전략을 수립합니다.” (명확한 포지셔닝)

모든 사람을 위한 브랜드는 아무도 원하지 않는 브랜드가 된다. 내가 누구인지 명확히 알릴수록, 내 고객도 나를 더 정확히 찾을 수 있다.

포지셔닝의 진정한 의미

포지셔닝은 “나는 이 분야의 전문가”라고 말하는 것이 아니다. 그것은 “나는 이 특정한 문제를 이런 독특한 방식으로 해결하며, 저런 종류의 일은 하지 않습니다”라고 선언하는 것이다.

세스 고딘의 말처럼, “포지셔닝이 강하다는 것은 일부 잠재 고객을 경쟁사에 기꺼이 보낼 수 있다는 것”이다. 이것은 역설적으로 당신의 전문성을 더욱 강화할 수 있다.

약한 포지셔닝 vs. 강한 포지셔닝

약한 포지셔닝은 더 많은 기회를 얻기 위해 광범위한 서비스를 제공한다고 주장한다:

- "나는 모든 종류의 디자인 작업을 합니다."
- "어떤 주제든 글을 써드립니다."
- "모든 마케팅 문제를 해결할 수 있습니다."

강한 포지셔닝은 명확한 경계를 설정한다:

- "나는 헬스케어 스타트업을 위한 UX/UI 디자이너입니다."
- "B2B 소프트웨어 기업을 위한 기술 백서 작성 전문가입니다."
- "e커머스 브랜드의 이메일 마케팅 전환율을 높이는 전략가입니다."

포지셔닝이란 '선택'과 '배제'의 과정이다

많은 1인 기업가와 프리랜서는 더 많은 기회를 잡기 위해 모든 프로젝트를 수용하려 한다. 그러나 이럴수록 브랜드의 전문성이 희석되고, 고객의 신뢰도가 낮아질 위험이 커진다.

✔ "나는 어떤 문제를 해결하는 전문가인가?"

✔ "나는 어떤 고객을 대상으로 하는가?"

✔ "나는 어떤 일을 하지 않는가?"

이 질문들에 명확한 답을 할 수 있을 때, 퍼스널 브랜딩은 더욱 강력해진다.

포지셔닝의 효과 측정하기

강력한 포지셔닝을 갖추었다면 다음과 같은 변화가 나타나기 시작한다:

1. 잠재 고객이 당신을 직접 찾아오기 시작한다.

2. "당신이 하는 일이 정확히 무엇인지" 설명할 필요가 줄어든다.
3. 가격 협상이 줄어들고, 프리미엄 요금에 대한 수용도가 높아진다.
4. 소개와 추천이 증가한다.
5. 당신과 맞지 않는 고객/프로젝트를 자신 있게 거절할 수 있다.

AI 시대의 개인 브랜드 차별화는 다음 세 가지 차원에서 이루어진다:

1. 선문성 차별화
AI는 넓은 범위의 정보를 다룰 수 있지만, 깊은 전문성과 실전 경험은 여전히 인간의 영역이다.

실행 전략:

- 특정 분야나 산업에 집중하여 깊이 있는 전문성을 구축한다.
- 자신만의 독특한 경험과 사례를 축적하고 이를 콘텐츠로 공유하한다.
- 지속적인 학습과 실험을 통해 해당 분야의 최전선에 선다.

2. 방법론 차별화
똑같은 서비스를 제공하더라도, 당신만의 고유한 접근법이나 프레임워크를 개발해야 한다.

실행 전략:

- 자신만의 독특한 프로세스나 방법론을 명명하고 체계화한다.
- 독창적인 도구나 템플릿을 개발하여 브랜드 자산으로 활용한다.
- 자신의 방법론이 왜 효과적인지에 관한 스토리를 구축한다.

3. 개성 차별화

기술적 전문성 외에도, 당신만의 독특한 관점, 가치관, 소통 방식이 강력한 차별화 요소가 된다.

실행 전략:

- 자신만의 진정성 있는 목소리와 톤을 개발한다.
- 개인적인 이야기와 경험을 브랜드 스토리텔링에 활용한다.
- 가치관과 원칙을 명확히 표현하고, 이를 브랜드의 핵심 요소로 삼는다.

경쟁이 아닌 독창성을 극대화하는 포지셔닝 전략

포지셔닝의 본질은 '다른 사람과 같아지려는 시도'가 아닌, '다른 사람과 달라지려는 의식적인 노력'이다. 이는 단순히 '더 좋은' 브랜드가 되려는 것이 아니라, '다른' 브랜드가 되는 것이다.

효과적인 포지셔닝의 3단계 접근법:

단계 1: 경쟁 분석과 차별화 기회 발견

첫 번째 단계는 현재 시장의 지형을 이해하는 것이다.

실행 작업:

- 주요 경쟁자 5~10명의 브랜드 포지셔닝을 분석한다.
- 그들이 사용하는 언어, 약속, 주요 메시지를 정리한다.
- "모두가 말하는 것"과 "아무도 말하지 않는 것"을 구분한다.

> **AI ChatGPT 프롬프트 활용법:**
>
> "내 분야의 주요 경쟁자들은 [경쟁자 리스트]입니다. 이들의 웹사이트와 소셜 미디어를 분석해서, 공통된 포지셔닝 요소와 아직 활용되지 않은 차별화 기회를 찾아주세요."

단계 2: 자신만의 독특한 가치 제안 수립

두 번째 단계에서는 당신만의 독특한 '가치 제안'을 명확히 한다.

실행 작업:

- 당신의 독특한 경험, 관점, 방법론을 정리한다.
- 특별히 잘 해결할 수 있는 고객 문제를 구체화한다.
- "나는 [이런 특별한 방식]으로 [이런 특정 문제]를 해결한다"라는 문장을 만든다.

> **AI ChatGPT 프롬프트 활용법:**
> "내 주요 강점은 [강점 리스트]이고, 가장 좋은 성과를 냈던 프로젝트는 [성공 사례]입니다. 이를 바탕으로 독특한 가치 제안을 3가지 다른 방식으로 표현해 주세요."

단계 3: 차별화된 언어와 메시징 개발

마지막 단계는, 당신의 차별화된 가치를 명확하고 기억에 남는 방식으로 전달하는 것이다.

실행 작업:

- 업계의 클리셰와 진부한 표현을 피하는 언어를 개발한다.
- 당신만의 독특한 용어나 프레임워크를 명명한다.
- 가장 중요한 차별점을 강조하는 슬로건이나 태그라인을 만든다.

> **AI ChatGPT 프롬프트 활용법:**
> "내 브랜드의 핵심 차별점은 [차별점]입니다. 이를 표현하는 독창적인 슬로건과 홈페이지 헤드라인을 5가지 다른 스타일로 제안해 주세요. 업계에서 흔히 사용되는 진부한 표현은 피해 주세요."

효과적인 퍼스널 브랜드 포지셔닝의 핵심 요소

퍼스널 브랜드 포지셔닝은 단순한 마케팅 전술이 아닌 전략적 결정이다. 효과적인 포지셔닝은 다음 요소들을 포함한다:

1. 명확성(Clarity)

당신이 누구이고 무엇을 제공하는지 5초 안에 이해될 수 있어야 한다.

실행 팁:

- 엘리베이터 피치를 10초, 30초, 2분 버전으로 준비한다.
- "저는 [대상]이 [문제]를 [방법]으로 해결하도록 돕습니다" 형식의 문장을 만든다.
- 복잡한 전문 용어 대신 명확하고 직관적인 언어를 사용한다.

2. 독특함(Uniqueness)

효과적인 포지셔닝은 다른 사람들과 확실히 구분되는 요소를 포함해야 한다.

실행 팁:

- 자신의 배경, 경험, 관점에서 독특한 조합을 찾는다.
- "나만 할 수 있는 것"과 "나만의 방식"을 구체화한다.
- 경쟁자들과의 직접 비교보다는 자신만의 범주를 창조한다.

3. 관련성(Relevance)

아무리 독특해도 고객에게 가치 있는 차별점이어야 한다.

실행 팁:

- 고객 인터뷰를 통해 그들의 진짜 고민과 니즈를 파악한다.
- 당신의 차별점이 어떻게 고객의 문제 해결에 기여하는지 연결한다.
- 차별화 요소를 고객 이익으로 변환하는 메시징을 개발한다.

4. 지속성(Consistency)

모든 접점에서 일관된 메시지와 경험을 제공해야 한다.

실행 팁:

- 브랜드 가이드라인을 만들어 모든 커뮤니케이션에 적용한다.
- 웹사이트, 소셜 미디어, 이메일 등에서 일관된 목소리를 유지한다.
- 정기적으로 브랜드 감사를 실시해 일관성을 점검한다.

선택과 집중: 무엇을 하고, 무엇을 하지 않을 것인가

진정한 포지셔닝의 힘은 '선택'과 '배제'에서 나온다. 모든 것을 모든 사람에게 제공하려는 시도는 결국 아무에게도 특별한 가치를 제공하지 못하게 만든다.

포지셔닝을 위한 전략적 선택

1. 기꺼이 포기할 대상 선택하기

성공적인 포지셔닝은 의도적으로 일부 시장을 포기하는 용기를 필요로 한다.

실행 작업:

- "나는 이런 고객/프로젝트와는 일하지 않는다" 리스트를 작성한다.
- 수익은 발생하지만, 브랜드를 희석시키는 서비스나 활동을 식별한다.
- 경쟁이 치열한 대형 시장보다 작지만, 독점할 수 있는 틈새시장에 집중한다.

2. 핵심 차별화 요소 강조하기

모든 강점을 나열하기보다 1~3개의 핵심 차별점에 집중해야 한다.

실행 작업:

- 자신의 경쟁 우위 요소를 모두 나열한 후, 가장 강력한 3가지만 선택한다.
- 선택한 차별점들이 서로 상충하지 않는지 확인한다.
- 선택한 차별점을 모든 마케팅 메시지의 중심에 둔다.

3. 명확한 비전과 포지션 선언문 작성하기

당신의 선택과 지향점을 명확히 표현하는 선언문을 만들어야 한다.

실행 작업:

- "나는 [무엇을 하는 사람]이다. 나는 [무엇을 하지 않는 사람]이다." 문장 완성하기
- 당신이 서 있는 위치와 지향하는 가치를 명확히 표현하는 매니페스토 작성하기
- 이 선언문을 모든 의사결정의 기준으로 활용하기

틈새시장에서 권위를 구축하는 전략적 접근법

작은 연못의 큰 물고기가 되는 것이 넓은 바다의 작은 물고기가 되는 것보다 효과적이다. 틈새시장에서 권위를 구축하면 더 적은 경쟁으로 더 빠르게 인지도를 높일 수 있다. 틈새시장 권위 구축을 위한 4단계 전략은 다음과 같다.

단계 1: 틈새시장 정의 및 검증

첫 번째 단계는 적절한 틈새시장을 찾고 그 가능성을 검증하는 것이다.

실행 작업:

- 3~5개의 잠재적 틈새시장을 정의한다. (산업, 인구통계, 문제 유형 등)
- 각 틈새시장의 규모, 접근성, 수익성, 경쟁 상황을 분석한다.
- 선택한 틈새시장의 주요 인플루언서, 커뮤니티, 출판물을 파악한다.

> **AI ChatGPT 프롬프트 활용법:**
> "내 전문 분야는 [분야]입니다. 이 분야에서 잠재적인 틈새시장 5개를 제안하고, 각각의 시장 규모, 경쟁 강도, 접근성을 평가해 주세요."

단계 2: 틈새시장 지식 베이스 구축

두 번째 단계는 선택한 틈새시장에 대한 깊은 이해와 지식을 쌓는 것이다. 이 과정은 해당 분야에 대한 도메인 지식을 축적하는 과정이다.

실행 작업:

- 해당 틈새시장의 주요 문제, 트렌드, 용어를 연구하낟.
- 틈새시장의 고객들과 심층 인터뷰를 진행한다.
- 틈새시장 관련 콘텐츠의 데이터베이스를 구축한다.

> **AI ChatGPT 프롬프트 활용법:**
> "[틈새시장]에서 가장 자주 논의되는 주제와 문제점을 조사해 주세요. 또한 이 시장의 주요 인플루언서와 생각 리더들은 누구인지 알려주세요."

단계 3: 틈새시장 콘텐츠 전략 실행

세 번째 단계는 틈새시장에 특화된 고품질 콘텐츠를 제작하는 것이다.

실행 작업:

- 틈새시장의 특정 문제를 해결하는 심층 콘텐츠를 제작한다.
- 틈새시장 내 인플루언서들과 협업하거나 인터뷰한다.
- 틈새시장의 특수한 요구에 맞춘 도구, 템플릿, 가이드를 개발한다.

> **AI ChatGPT 프롬프트 활용법:**
> "[틈새시장]을 위한 콘텐츠 캘린더를 만들어 주세요. 다음 3개월 동안 제작할 수 있는 블로그 포스트, 비디오, 가이드 주제를 제안해 주세요."

단계 4: 틈새시장 커뮤니티 구축

마지막 단계는 해당 틈새시장 내에서 커뮤니티를 형성하고 리더십을 발휘하는 것이다.

실행 작업:

- 틈새시장 전용 뉴스레터나 온라인 커뮤니티를 시작한다.
- 틈새시장 관련 이벤트나 웨비나를 주최한다.
- 틈새시장 내 다른 전문가들과의 네트워크를 구축한다.

> **AI ChatGPT 프롬프트 활용법:**
> "[틈새시장]을 위한 온라인 커뮤니티를 시작하려고 합니다. 커뮤니티 규칙, 주간 토론 주제, 회원 참여를 유도할 활동 아이디어를 제안해 주세요."

프롬프트 :

“

나만의 차별화된 브랜드 포지셔닝 전략을 AI가 분석해 줘.

”

AI를 활용하여 자신의 브랜드 차별화 요소를 진단하고 강화할 수 있다. 다음은 실용적인 프롬프트 템플릿들이다:

1. 차별화 요소 발견 프롬프트

> 나는 [업종/직업]에서 [경력 기간] 동안 일해왔습니다. 내 주요 강점은 [강점 리스트]이고, 가장 성공적이었던 프로젝트는 [성공 사례]입니다. 내 분야의 다른 전문가들과 차별화될 수 있는 독특한 요소는 무엇일까요? 내가 전문성을 집중해야 할 틈새 영역은 어디일까요?

2. 경쟁 분석 프롬프트

> 내 분야의 주요 경쟁자들은 [경쟁자 리스트]입니다. 이들의 포지셔닝을 분석하고, 그들이 채우지 못하는 시장 기회를 파악해 주세요. 내가 효과적으로 차별화될 수 있는 3가지 방향성을 제

안해 주세요.

3. 가치 제안 개발 프롬프트

> 내 주요 차별점은 [차별점 리스트]입니다. 이를 바탕으로 강력한 가치 제안을 3가지 다른 방식으로 표현해 주세요. 각각의 가치 제안이 내가 목표로 하는 [타깃 고객]에게 어떤 구체적인 혜택을 제공하는지 설명해 주세요.

4. 포지셔닝 문장 생성 프롬프트

> 내가 제공하는 서비스는 [서비스 설명]이고, 내 주요 타깃은 [타깃 설명]입니다. 내 주요 차별점은 [차별점]입니다. 이를 바탕으로 강력하고 기억에 남는 포지셔닝 문장을 5가지 다른 형식으로 작성해 주세요.

5. 브랜드 스토리 강화 프롬프트

> 내 브랜드 스토리의 주요 요소는 [스토리 요소]입니다. 이 스토리가 내 차별화 전략을 어떻게 강화할 수 있을까요? 내 개인적 경험과 전문성을 연결하는 설득력 있는 내러티브를 개발해 주세요.

6. 플랫폼별 맞춤형 차별화 프롬프트:

컨설턴트/코치를 위한 차별화 프롬프트:

당신은 컨설팅/코칭 분야 차별화 전략가입니다. 내 컨설팅/코칭 비즈니스를 위한 독특한 방법론과 포지셔닝을 개발해 주세요.

[기본 정보 포함]

특히 다음 요소에 초점을 맞춰주세요:

- 독특한 프레임워크/방법론 개발
- 전문성 영역 정의 및 틈새 발견
- 결과 보장 및 성공 측정 차별화
- 경쟁자와 구별되는 클라이언트 경험 설계

크리에이터/인플루언서를 위한 차별화 프롬프트:

당신은 크리에이터/인플루언서 차별화 전략가입니다. 내 콘텐츠와 브랜드를 경쟁자들과 확실히 구별할 수 있는 전략을 개발해 주세요.

[기본 정보 포함]

특히 다음 요소에 초점을 맞춰주세요:

- 독특한 콘텐츠 형식 및 접근법
- 차별화된 스토리텔링 방식

- 독특한 시각적 아이덴티티 및 스타일
- 팬/팔로워와의 관계 구축 차별화

사용 팁:

이 프롬프트는 현재 상황에 맞게 주기적으로 업데이트하여 사용하면 된다. 시장 환경과 경쟁자들은 끊임없이 변화하므로, 차별화 전략도 지속적으로 발전시켜야 한다.

체크리스트:

브랜드 차별성 평가

아래 체크리스트를 활용해 당신의 브랜드 차별화 전략을 평가하고 개선하자.

개념적 차별화 체크리스트

- 나의 포지셔닝은 30초 내에 설명할 수 있을 만큼 명확한가?
- 경쟁자들과 나를 구분 짓는 주요 차별점 3가지를 즉시 말할 수 있는가?
- 잠재 고객이 왜 나를 선택해야 하는지 명확한 이유를 제시하는가?
- 새로운 카테고리나 틈새시장을 정의하거나 창조했는가?
- 독특한 방법론이나 프레임워크를 개발했는가?

표현적 차별화 체크리스트

- 독특한 언어, 용어, 표현 방식을 개발했는가?
- 시각적 아이덴티티가 경쟁자들과 명확히 구별되는가?
- 브랜드 보이스와 톤이 일관되고 차별화되어 있는가?

- 업계 클리셰와 진부한 표현을 피하고 있는가?
- 모든 커뮤니케이션에서 차별화 메시지가 일관되게 전달되는가?

실행적 차별화 체크리스트

- 차별화된 고객/청중 경험을 설계했는가?
- 독특한 제품/서비스 전달 방식을 개발했는가?
- 차별화 요소가 모든 브랜드 접점에 일관되게 적용되고 있는가?
- 독특한 패키징, 프로세스, 또는 시스템을 구축했는가?
- 차별화된 성과 측정 및 보고 방식을 개발했는가?

증거 기반 차별화 체크리스트

- 차별화 주장을 뒷받침하는 구체적인 증거를 보유하고 있는가?
- 성공 사례와 결과를 체계적으로 문서화하고 있는가?
- 제3자의 인정이나 검증을 확보했는가?(수상, 인증, 언론 보도 등)
- 차별화된 접근법의 효과를 입증하는 데이터를 수집하고 있는가?
- 차별화 요소를 증명하는 사례 연구나 전후 비교를 개발했는가?

지속적 차별화 체크리스트

- 차별화 전략을 정기적으로 검토하고 업데이트하는가?
- 경쟁 환경 변화를 지속적으로 모니터링하는가?
- 차별화 요소를 더욱 강화하고 발전시키기 위한 계획이 있는가?
- 새로운 차별화 기회를 지속적으로 탐색하는가?
- 브랜드 차별화에 대한 청중/고객 인식을 정기적으로 측정하는가?

실행 팁:

이 체크리스트를 분기별로 검토하고, 스코어가 낮은 영역에 집중하여 개선해 나가보자. 모든 항목을 한 번에 해결하려 하지 말고, 가장 중요한 3~5개 항목부터 시작하면 된다.

성공 팁:

브랜드 차별화는 일회성 이벤트가 아닌 지속적인 과정임을 기억하라. 시장은 끊임없이 변화하고, 경쟁자들은 성공적인 전략을 모방하려 할 것이다. 차별화를 유지하기 위해서는 지속적으로 혁신하고, 독창성을 강화하며, 타깃 오디언스에게 더 큰 가치를 제공하는 방법을 찾아야 한다.

차별화는 단순한 마케팅 전술이 아니라 퍼스널 브랜딩의 본질이다. AI 시대에서 성공적인 개인 브랜드를 구축하기 위해서는 "더 나은" 것을 추구하기보다 "다른" 것을 추구해야 한다.
철학자 쇼펜하우어는 "모든 진리는 세 단계를 거친다. 첫째, 조롱당하고, 둘째, 격렬히 반대 받고, 셋째, 자명한 것으로 받아들여진다"라고 말했다. 진정한 차별화도 이와 같다. 처음에는 이상하게 보일 수 있지만, 결국 당신만의 확고한 자리를 만들어준다.
AI 시대에 이제 더 이상 "모든 것을 다 하는 사람"으로 포지셔닝하면 안 된다. 당신만의 독특한 관점, 전문성, 방법론을 명확히 하고, 이를 일관되게 커뮤니케이션하는 것이 성공의 핵심이다.

기억하라!

성공적인 차별화는 "무엇을 할 것인가"뿐만 아니라 "무엇을 하지 않을 것인가"를 명확히 하는 것에서 시작된다. 당신의 포지셔닝이 분명할수록, 고객은 당신을 더 빠르게 신뢰하고 선택할 것이다.

자, 이제 당신만의 차별화 전략을 수립하고, AI의 힘을 활용해 독보적인 개인 브랜드를 구축해 보자. 다음 장에서는 'Diversify' 단계로 넘어가 브랜드 포트폴리오를 확장하고 다양한 수익 모델을 개발하는 방법을 배우게 될 것이다.

"모든 사람을 위한 브랜드는 아무도 원하지 않는 브랜드가 된다."

- 세스 고딘

3부

AI 퍼스널 브랜딩의 지속 성장 전략

전략과 체계의 만남: 데이비드 아커와 블렛 저널의 결합

2부에서 AI 브랜드의 기초를 다졌다면, 3부에서는 이를 장기적으로 성장시키고 확장하는 방법을 알려줄 예정이다. 이 부분에서는 두 가지 강력한 접근법을 결합했다: 브랜드 전략의 대가 데이비드 아커의 전략적 시각과 블렛 저널의 체계적인 실행 시스템이다.

왜 데이비드 아커인가?

데이비드 아커는 브랜드 자산(Brand Equity)이라는 개념을 정립한 인물이다. 그는 브랜드를 단기적 마케팅 도구가 아닌 장기적 자산으로 바라보는 관점을 제시했다.

AI 시대에 당신의 퍼스널 브랜드도 마찬가지다. 일시적인 주목을 받는 것을 넘어, 시간이 지날수록 가치가 증가하는 자산으로 발전시켜야 한다. 아커의 전략적 사고방식은 당신이 일상의 실행에 매몰되지 않고 '큰 그림'을 볼 수 있게 도와줄 것이다.

> "강력한 브랜드는 비즈니스 성과의 원인이 아니라 결과입니다."
>
> - 데이비드 아커

왜 블렛 저널 방식인가?

반면, 블렛 저널은 복잡한 목표와 계획을 일상의 실행 가능한 행동으로 변환하는 체계적인 방법을 제공한다. 기호(•)와 간결한 기록 방식으로 무엇을, 언제, 어떻게 해야 할지 명확히 한다.

AI 퍼스널 브랜딩의 지속적 성장은 거창한 전략보다 매일의 작은 행동에서 비롯된다. 3부에서 소개하는 '디지털 발자국 로그'와 같은 체계적인 관리 도구는 당신의 브랜드를 꾸준히 발전시키는 핵심 요소가 될 것이다.

전략과 실행의 완벽한 균형

데이비드 아커의 전략적 통찰력과 블렛 저널의 체계적 실행법이 만나면 어떤 일이 벌어질까?

1. 장기적 비전과 일상적 실행이 조화를 이룬다.
2. 브랜드 자산 구축과 세부 실행 계획이 유기적으로 연결된다.
3. 전략적 사고와 체계적 기록이 상호 보완적으로 작용한다.

전문가 단계로의 진화: 확장과 지속 가능성

8장에서는 브랜드 포트폴리오 확장을 통해 다양한 수익 모델을 구축하는 방법을, 9장에서는 디지털 평판 관리와 지속 가능한 브랜드 시스템을 만드는 방법을, 10장에서는 모든 내용을 종합한 실전 액션 플랜을 제시할 것이다.

각 장에서는 데이비드 아커의 전략적 프레임워크와 블렛 저널의 실행 체계가 조화롭게 결합되어 있다. 브랜드 자산 가치에 대한 깊은 이해와 함께, 매일 실천할 수 있는 '디지털 발자국 로그'와 같은 도구를 제공할 것이다.

> "브랜드를 만드는 것은 마라톤이지 단거리 경주가 아닙니다."
>
> - 데이비드 아커

3부를 통해 당신은 AI 시대에 지속적으로 성장하는 퍼스널 브랜드의 주인공이 될 것이다. 전략적 사고와 체계적 실행의 균형을 통해, 1년 후, 5년 후, 심지어 10년 후에도 가치를 인정받는 브랜드를 구축할 수 있을 것이다.

제8장

Diversify: 브랜드 포트폴리오 확장

에피소드 8:

"강의, 출판, 컨설팅… 나는 어디서 수익을 낼 수 있을까?"

마케팅 전문가 김서연(35세)은 퇴근 후 집에 돌아와 책상에 앉아 자신의 재정 상황을 점검했다. 그녀는 2년 전부터 마케팅 블로그와 유튜브 채널을 운영하며 퍼스널 브랜드를 구축해 왔다. 팔로워 수는 꾸준히 증가했지만, 수익은 미미했다.

"팔로워는 15,000명이 넘는데, 월 광고 수입은 고작 30만 원 정도네…"

서연은 친구이자 멘토인 정민우에게 고민을 털어놓았다. 민우는 비슷한 규모의 팔로워를 가지고 있었지만, 월 1,000만 원 이상의 안정적인 수익을 창출하고 있었다.

"서연아, 너는 아직도 '콘텐츠 크리에이터'라는 단일 정체성에 갇혀 있구나. 진정한 브랜드 확장은 다양한 형태로 가치를 제공하고, 여러 수익 흐름을 만드는 거야."

민우는 서연에게 그의 수익 구조를 보여주었다. 광고 수입은 전체 수익의 단 15%에 불과했고, 나머지는 온라인 강의(30%), 멤버십 프로그램(25%), 컨설팅(20%), 제휴 마케팅(10%)으로 구성되어 있었다.

"중요한 건 모든 수익 채널이 서로 시너지를 내며 작동한다는 거야. 내 블로그와 유튜브는 이제 가치를 제공하는 채널일 뿐만 아니라, 다양한 제품과 서비스로 연결하는 파이프라인이 되었어."

민우는 AI를 활용한 브랜드 다각화 전략을 서연에게 소개했다. ChatGPT를 사용해 그녀의 콘텐츠, 청중, 강점을 분석하고, 최적의 수익 모델 포트폴리오를 설계했다.

"AI 분석 결과, 너의 강점은 '복잡한 마케팅 개념을 실용적인 단계로 분해하는 능력'이야. 이걸 기반으로 온라인 워크숍, 템플릿 라이브러리, 코칭 프로그램을 개발할 수 있어."

서연은 AI 기반 브랜드 다각화 계획을 따라 6개월 동안 차근차근 새로운 수익 채널을 구축했다. 월별로 다양한 제품과 서비스를 테스트하며 시장 반응을 확인했다.

1년 후, 서연의 월수입은 10배 이상 증가했다. 더 중요한 것은 수익의 안정성이었다. 어느 한 채널의 성과가 일시적으로 떨어져도, 다른 채널들이 이를 상쇄했다.

"이제 나는 단순한 '콘텐츠 크리에이터'가 아니라, 다양한 방식으로 가치를 제공하는 '마케팅 에듀케이터'가 되었어요. 브랜드 다각화는 단순히 더 많은 돈을 버는 것이 아니라, 더 많은 사람에게 더 다양한 방식으로 가치를 전달하는 것이었습니다."

2023년 여름, 김민지 작가는 인스타그램에서 식물 관리 팁을 공유하며 5만 명의 팔로워를 모았다. 그녀의 계정은 식물 애호가들 사이에서 꽤 유명해졌지만, 수익화는 간헐적인 브랜드 협찬에 그쳤다. 그녀는 자문했다: "이렇게 쌓아온 브랜드를 어떻게 더 의미 있게 확장할 수 있을까?"

답은 예상외의 곳에서 왔다. AI 분석을 통해 그녀는 자신의 콘텐츠가 '식물 초보자를 위한 실용적 가이드'로서 가장 높은 가치를 지

닌다는 사실을 발견했다. 6개월 후, 그녀는:

- 월 300만 원의 온라인 강의 수익
- 식물 관리 플래너 판매
- 주요 원예 브랜드와의 컨설팅 계약
- 출판 계약

을 통해 브랜드 수익을 10배로 늘렸다.

이것이 바로 브랜드 포트폴리오 확장의 힘이다. 데이비드 아커는 말했다: "브랜드는 상품이 아니라 자산이다." 그리고 모든 자산처럼, 포트폴리오로 관리되어야 한다.

Diversify 다각화_6단계(7D)

브랜드 포트폴리오:
당신의 자산을 극대화하라

"강력한 브랜드는 단일 제품이나 서비스에 의존하지 않는다.
그것은 고객의 다양한 니즈를 충족시키는
조화로운 포트폴리오를 통해 가치를 창출한다.
브랜드 자산의 진정한 가치는 다양한 접점을 통해
고객과 만날 때 극대화된다."

- 데이비드 아커

오늘날의 AI 시대에서는 단일 수익원에 의존하는 것이 아니라, 자신의 전문성을 다양한 형태로 확장하는 능력이 중요하다. 이는 단순한 수익 다각화가 아니라, 브랜드 가치의 극대화다.

AI가 추천하는 수익 포트폴리오 구축 원칙:

- 핵심 역량을 중심으로 확장하라-모든 수익 채널은 당신의 핵심 브랜드 가치와 연결되어야 한다.
- 단계적 확장-모든 것을 동시에 시도하지 말고, 하나씩 완성하라
- 시너지 원칙-각 수익 채널이 서로를 강화하도록 설계하라

브랜드 다각화의 전략적 사고

브랜드 다각화는 단순히 여러 제품을 출시하는 것 이상이다. 그것은 브랜드 자산을 활용하여 통합된 가치 제안 시스템을 구축하는 것이다.

브랜드 다각화의 4가지 차원:

- 형식 다각화: 같은 콘텐츠/지식을 다양한 형식으로 제공
- 깊이 다각화: 다양한 참여 수준과 가격대 제공
- 범위 다각화: 다양한 주제 영역과 문제 해결
- 채널 다각화: 다양한 플랫폼과 접점 활용

브랜드 다각화의 전략적 이점:

- 위험 분산: 단일 수익원 의존도 감소
- 시장 기회 극대화: 다양한 고객 세그먼트 도달
- 계절성 상쇄: 수익의 계절적 변동 완화
- 고객 생애 가치 증가: 더 깊은 고객 관계 구축
- 브랜드 자산 강화: 더 강력한 브랜드 연상 구축

성공적인 퍼스널 브랜드는 단일 수익 모델에 의존하지 않아야 한다. 브랜드 다각화는 여러분의 전문성을 다양한 형태로 제공하고, 이를 통해 여러 수익 흐름을 창출하는 전략적 접근법이다.

전략적 다각화 매트릭스:

다음은 브랜드 다각화를 위한 전략적 사고 프레임워크다.

전략적 다각화 매트릭스
브랜드 다각화를 위한 전략적 사고 프레임워크

	낮은 투자/리스크	중간 투자/리스크	높은 투자/리스크
단기 수익	디지털 다운로드 미니 코스 1:1 세션	멤버십 프로그램 그룹 코칭 온라인 워크숍	플래그십 코스 고급 컨설팅 라이센싱 프로그램
중기 수익	웨비나 시리즈 이메일 코스 디지털 템플릿	중급 코스 마스터마인드 그룹 제휴 프로그램	인증 프로그램 소프트 웨어 제품 프랜차이즈 모델
장기 수익	제휴 마케팅 저가 구독 공동 웨비나	책 출판 이벤트 주최 커뮤니티 구축	물리적 제품 앱/SaaS 개발 인수합병

그림 11 브랜드 포트폴리오 다각화 매트릭스

이 매트릭스는 수익 실현 시간과 투자/리스크 수준에 따라 다양한 다각화 옵션을 보여준다. 성공적인 다각화 전략은 이러한 옵션의 균형 잡힌 포트폴리오를 구축하는 것이다.

AI 기반
브랜드 포트폴리오 확장 전략

---

1. 강의 & 교육 기반 다각화

디지털 교육 시장은 2030년까지 연간 19.9%의 성장률을 보일 것으로 예상된다. 당신의 전문성을 체계화된 강의로 전환하는 것은 강력한 수익원이 될 수 있다. 교육 기반 다각화는 지식과 전문성을 다양한 학습 형식으로 제공하는 것이다.

주요 형태:

- 온라인 코스: 자기 주도 학습 프로그램, "최소한의 노력으로 맥시멈 임팩트 내는 그래픽 디자인 마스터 클래스"
- 라이브 워크숍/웨비나: 실시간 교육 이벤트, 월간 "브랜드 아이덴티티 워크숍" 개최(오프라인 + 온라인 하이브리드)
- 코칭/멘토링 프로그램: 개인화된 지도
- 디지털 교육 자료: 워크북, 가이드, 체크리스트
- 멤버십/구독 프로그램: 지속적인 학습 커뮤니티

이점:

- 높은 내재적 가치 인식
- 점진적 가격 상승 가능성
- 확장 가능한 비즈니스 모델
- 강력한 커뮤니티 구축 기회

도전 과제:

- 초기 콘텐츠 개발에 상당한 시간 투자 필요
- 지속적인 업데이트 및 관리 필요
- 교육 시장의 경쟁 심화
- 학습자 성과 관리의 중요성

성공 요소:

- 독특한 교육 방법론 개발
- 명확한 학습 성과 정의
- 다양한 학습 스타일 수용
- 강력한 학습자 지원 시스템
- 지속적인 콘텐츠 갱신

사례 연구:

마케팅 전문가 정지훈은 처음에 무료 블로그로 시작했으나, 점차 교육 기반 다각화를 통해 제품 포트폴리오를 확장했다. 그는 27,000원 디지털 가이드부터 997,000원 종합 코스, 5,000,000원 VIP 멘토링에 이르는 교육 제품 사다리를 구축했다. 이를 통해 다양한 예산과 니즈를 가진 고객들에게 다가갈 수 있었으며, 연간 수익을 10배 증가시켰다.

AI 활용 방법:

- AI로 고객 질문 패턴을 분석하여 가장 필요로 하는 교육 주제 파악
- 강의 커리큘럼 자동 설계

- 맞춤형 학습 경로 제공

사례 분석:

마케팅 전문가 조성우는 ChatGPT를 활용해 고객 질문 1,000개를 분석했다. 그 결과 '소규모 비즈니스의 디지털 마케팅 자동화'에 대한 수요가 가장 높다는 것을 발견했다. 그는 이 주제로 강의를 개설해 6개월 만에 1억 원의 매출을 달성했다.

2. 서비스 기반 다각화

서비스 기반 다각화는 전문 서비스를 다양한 형태와 수준으로 제공하는 것이다. 대표적으로 컨설팅 & 코칭 서비스는 당신의 전문성을 1:1 또는 소그룹 컨설팅으로 제공하는 것으로 가장 높은 시간당 수익을 만들어낼 수 있다.

주요 형태:

- 컨설팅 패키지: 다양한 범위/깊이의 자문 서비스
- 구현 서비스: 전략 실행 지원
- 감사/진단 서비스: 평가 및 분석 제공
- 관리형 서비스: 지속적인 관리 및 지원
- VIP 데이/리트릿: 집중적인 몰입 경험

이점:

- 높은 단위 수익
- 깊은 고객 관계 구축
- 실제 문제 해결 과정에서 얻는 인사이트
- 사례 연구 및 증명 구축 기회

도전 과제:

- 시간 대비 수익 제한(시간 확장성 한계)

- 높은 개인적 관여 필요
- 서비스 표준화 및 품질 관리의 어려움
- 클라이언트 의존성 위험

성공 요소:

- 명확한 서비스 패키지화
- 효율적인 온보딩 및 작업 프로세스
- 가치 기반 가격 책정
- 결과 측정 및 보고 시스템
- 점진적 서비스 확장 전략

사례 연구:

디지털 마케팅 전문가 김다현은 처음에는 시간당 컨설팅만 제공했으나, 서비스 포트폴리오를 세분화하여 500,000원 마케팅 감사, 2,500,000원 전략 개발 패키지, 5,000,000원 분기별 마케팅 계획, 10,000,000원+ 완전 관리형 마케팅 서비스를 개발했다. 이 접근법은 다양한 클라이언트 니즈에 대응할 수 있게 했으며, 더 높은 가치의 장기 관계로 발전시킬 수 있었다.

AI 활용 방법:

- 잠재 고객의 문제점 패턴 분석
- 맞춤형 컨설팅 제안서 자동 생성
- 클라이언트 성과 예측 모델 구축

사례 분석:

재무 컨설턴트 김태호는 AI를 활용해 클라이언트의 재무 데이터를 분석하고, 개인화된 재무 계획을 생성한다. 이를 통해 컨설팅 시간을 60% 줄이면서도 더 정확한 조언을 제공할 수 있게 되었다.

3. 제품 기반 다각화

제품 기반 다각화는 지식과 전문성을 독립적으로 사용 가능한 제품으로 변환하는 것이다. 디지털 제품 & 템플릿은 낮은 생산 비용, 무한한 확장성, 높은 마진율의 삼박자를 갖춘 디지털 제품은 이상적인 수익원이다. 특히 당신의 지식을 체계화하고 권위를 확립하는 데 책 & 오디오북 출판만큼 효과적인 방법은 없다.

주요 형태:

- 디지털 제품: 템플릿, 스크립트, 툴킷
- 소프트웨어/앱: 문제 해결을 자동화하는 도구
- 물리적 제품: 책, 저널, 박스형 구독
- 라이선스 제품: 재판매/활용 가능한 지적 자산
- 브랜디드 머천다이즈: 브랜드 아이덴티티를 활용한 제품

이점:

- 높은 확장성(제작 후 무한 판매 가능)
- 낮은 배송/이행 비용(특히 디지털 제품)
- 자동화된 판매 및 배송 가능성
- 다양한 가격대 제공 용이성

도전 과제:

- 초기 제품 개발에 상당한 투자 필요
- 지속적인 업데이트 및 지원 필요
- 제품 차별화의 어려움
- 지식 재산권 보호 문제

성공 요소:

- 명확한 문제 해결에 초점

- 사용자 경험 최적화
- 강력한 제품 포지셔닝
- 효과적인 제품 상세 페이지
- 점진적 제품 개선 시스템

사례 연구:

생산성 코치 이민석은 자신의 시간 관리 방법론을 다양한 제품으로 변환했다. 17,000원 디지털 플래너, 47,000원 생산성 툴킷, 97,000원 목표 달성 시스템, 247,000원 전체 생산성 패키지 등 다양한 제품 라인을 개발했다. 이 접근법은 다양한 예산대의 고객들에게 접근할 수 있게 했으며, 완전히 자동화된 판매 시스템을 통해 24/7 수익을 창출할 수 있게 했다.

AI 활용 방법(디자이너 사례):

- 사용자 행동 분석을 통한 고가치 디지털 제품 아이디어 도출
- AI로 맞춤형 템플릿 자동 생성
- 사용자 피드백에 기반한 지속적 개선

사례 분석1:

프리랜서 디자이너 박지연은 AI 분석을 통해 자신의 인스타그램 팔로워 중 소상공인이 63%임을 발견했다. 그녀는 '소상공인을 위한 소셜 미디어 디자인 키트'를 개발해 매월 안정적인 수익을 창출하고 있다.

AI 활용 방법(책 & 오디오북 사례):

- 기존 콘텐츠 분석 및 책 구성 자동화
- 초안 작성 지원 및 편집 효율화
- 틈새시장 분석으로 출판 전략 수립

사례 분석2:

건강 블로거 이수진은 3년간의 블로그 게시물을 AI로 분석하여 가

장 인기 있는 주제와 패턴을 찾아냈다. 이를 바탕으로 '바쁜 직장인을 위한 15분 건강식' 책을 출간해 블로그 수익의 2배를 달성했다.

4. 미디어 및 플랫폼 기반 다각화

미디어 및 플랫폼 기반 다각화는 자신만의 미디어 자산이나 플랫폼을 구축하는 것이다. 특히 지속적인 수익과 고객 충성도를 동시에 얻을 수 있는 커뮤니티 & 구독 모델은 현대 비즈니스의 황금 표준이 되었다.

주요 형태:

- 프리미엄 콘텐츠 플랫폼: 구독 기반 전문 콘텐츠
- 커뮤니티 플랫폼: 멤버십 기반 네트워킹 공간
- 마켓플레이스/디렉토리: 연결 플랫폼
- 이벤트/컨퍼런스: 온/오프라인 모임
- 미디어 네트워크: 팟캐스트, 유튜브 채널 등의 네트워크

이점:

- 지속적인 수익 흐름(구독 모델)
- 강력한 커뮤니티 및 네트워크 효과
- 다양한 수익화 가능성(광고, 스폰서십 등)
- 고유한 데이터 및 인사이트 축적

도전 과제:

- 초기 견인을 얻기 위한 임계질량 필요
- 지속적인 콘텐츠/가치 제공 필요
- 플랫폼 관리 및 모더레이션 부담
- 경쟁 플랫폼과의 차별화 필요

성공 요소:

- 명확한 플랫폼 가치 제안
- 강력한 사용자 경험 설계
- 활발한 커뮤니티 관리
- 지속적인 가치 향상
- 효과적인 회원 유지 전략

사례 연구:

UX 디자이너 박지영은 초기에 개인 블로그로 시작했으나, 점차 'UX 인사이더'라는 프리미엄 커뮤니티 플랫폼으로 확장했다. 월 39,000원의 구독료로 독점 콘텐츠, 피어 피드백, 전문가 Q&A, 도구 할인 등을 제공했다. 2년 내 2,000명 이상의 구독자를 확보하여 안정적인 월 수익을 창출했고, 이 플랫폼은 다른 수익 채널(코스, 이벤트, 컨설팅)의 파이프라인 역할도 하게 되었다.

AI 활용 방법:

- 회원 행동 패턴 분석으로 이탈률 예측
- 맞춤형 콘텐츠 추천 시스템 구축
- 커뮤니티 참여도 극대화 전략

사례 분석:

요가 강사 최유진은 월 구독제 온라인 커뮤니티를 운영하며, AI 알고리즘을 통해 각 회원의 선호도와 수준에 맞는 요가 루틴을 추천한다. 이 맞춤형 접근법으로 회원 유지율을 87%까지 끌어올렸다.

브랜드 포트폴리오 구축을 위한 단계별 접근법

성공적인 브랜드 다각화는 전략적 계획에서 시작된다. 다음 프레임워크를 활용하여 자신만의 다각화 계획을 수립할 수 있다.

다각화 준비도 평가:

브랜드 다각화를 시작하기 전에, 다음 요소들을 평가하세요.:

1. **브랜드 명확성**: 브랜드 아이덴티티와 포지셔닝이 명확한가?
2. **고객 이해**: 타깃 고객의 니즈와 선호도를 깊이 이해하고 있는가?
3. **핵심 역량**: 다양한 제품/서비스를 지원할 핵심 강점이 있는가?
4. **리소스 가용성**: 다각화를 지원할 시간, 자금, 역량이 있는가?
5. **시장 기회**: 검증된 시장 수요와 기회가 있는가?

다각화 로드맵 설계:

다음 단계적 접근법을 통해 지속 가능한 다각화 로드맵을 설계할 수 있다.

STEP 1: 자산 평가

브랜드 자산 인벤토리:

[ ] 내가 가진 콘텐츠 목록 작성(블로그, 소셜 미디어, 영상 등)

[ ] 가장 높은 반응을 얻은 콘텐츠 분석

[ ] 반복되는 질문과 요청 패턴 파악

STEP 2: 시장 기회 분석

수익 잠재력 평가:

[ ] 경쟁사 수익 모델 벤치마킹

[ ] 타깃 고객의 지불 의사 확인

[ ] 시장 트렌드와 성장 기회 분석

STEP 3: 포트폴리오 설계

수익 채널 선택:

[ ] 핵심 역량과 일치하는 채널 우선순위 지정

[ ] 단기/중기/장기 수익원 균형 배분

[ ] 시너지 창출 가능한 조합 설계

STEP 4: 프로토타이핑

최소 실행 가능 제품(MVP) 개발:

[ ] 가장 유망한 수익 채널 1~2개 선택

[ ] 최소한의 투자로 테스트 버전 출시

[ ] 초기 고객 피드백 수집 및 분석

STEP 5: 확장 및 최적화

성과 기반 확장:

[ ] 데이터 기반 의사결정으로 투자 조정

[ ] 성공적인 채널 강화 및 확장

[ ] 시너지 효과 극대화를 위한 채널 간 연결

단, 한 번에 너무 많은 다각화를 시도하지 않아야 한다. 하나의 새로운 제품/서비스를 성공적으로 출시하고 안정화한 후 다음 단계로 넘어가는 것이 중요하다.

네트워크 확장을 통한 브랜드 영향력 강화

서연은 자신의 브랜드를 확장하기 위해 네트워크 구축이 필수적임을 깨달았다. 그녀는 다음과 같은 접근법을 통해 자신의 브랜드 영향력을 강화하기로 했다.

1. 전략적 네트워킹 구축

- 마케팅 커뮤니티 참여: 온/오프라인 마케팅 커뮤니티에서 적극적으로 활동
- 산업 이벤트 참여: 마케팅 컨퍼런스, 전시회, 워크숍에 참석자/발표자로 참여
- 멘토링 프로그램: 마케팅 학교 및 부트캠프의 멘토로 활동

2. 콘텐츠 기반 네트워크 확장

- 마케팅 콘텐츠 인사이트 뉴스레터: 가치 있는 정보를 정기적으로 공유하는 채널 구축
- 마케터 인터뷰 시리즈: 업계 인플루언서와의 대화를 콘텐츠화
- 협업 프로젝트 공유: 다른 크리에이터와의 협업 과정을 공개

3. 가치 중심 커뮤니티 구축

- 마케팅 챌린지 주최: 커뮤니티 참여형 콘텐츠 프로젝트 진행
- 무료 자원 공유: 유용한 마케팅 리소스를 정기적으로 제공
- Q&A 세션: 정기적인 실시간 질의응답 세션으로 소통 강화

4. 네트워크 확장 전략 수립

- 협업 가능한 크리에이터/브랜드 목록 작성
- 영향력 있는 업계 인플루언서 매핑
- 참여 가능한 디자인 커뮤니티 및 이벤트 조사
- 협업 제안을 위한 가치 제안(Value Proposition) 준비
- 네트워킹 활동 일정 및 목표 설정

프롬프트:

“

나의 브랜드를 확장할 수 있는 수익 모델을 AI가 추천해 줘.

”

브랜드 확장을 위한 AI 수익 모델 추천 프롬프트

나의 브랜드를 확장할 수 있는 최적의 수익 모델을 제안해 줘.

다음 정보를 기반으로, 나에게 가장 적합한 수익화 전략을 추천해 줘.

1. 현재 나의 주요 콘텐츠와 활동: [예: 퍼스널 브랜딩 컨설팅, 온라인 강의, SNS 콘텐츠 제작]
2. 타깃 고객층의 특성: [예: 30~40대 직장인, 퍼스널 브랜딩에 관심 있는 개인사업자]
3. 지금까지 시도해 본 수익화 방법: [예: 1:1 컨설팅, 온라인 클래스, 전자책 판매]
4. 내가 가진 특별한 전문성이나 자원: [예: 브랜드 전략 기획, 네트워크, 강의 경험]
5. 선호하는 작업 방식: [예: 1:1 프리미엄 서비스 vs 확장 가능한 디지털 제품]

위 내용을 고려하여,

- 지속 가능한 수익 모델
- 자동화 및 확장 가능한 시스템
- 나의 브랜드 정체성을 유지할 수 있는 전략
- 을 포함한 구체적인 실행 방안을 제안해 줘."

체크리스트:

브랜드 수익화를 위한 포트폴리오 건강도 진단

[ ] 다양성: 3개 이상의 수익 채널이 있는가?

[ ] 안정성: 예측 가능한 정기 수익이 총수익의 50% 이상인가?

[ ] 확장성: 시간 투입 없이도 수익이 발생하는 채널이 있는가?

[ ] 시너지: 각 수익 채널이 다른 채널을 강화하는가?

[ ] 브랜드 일관성: 모든 수익 채널이 핵심 브랜드 가치와 일치하는가?

[ ] 미래 지향성: AI와 자동화를 활용한 수익 채널이 있는가?

브랜드 자산의 진정한 가치

"사람들은 단순히 제품을 사지 않는다. 그들은 당신이 제공하는 가치와 변화를 산다."

AI 시대의 퍼스널 브랜딩에서 진정한 성공은 단일 수익원의 최대화가 아니라, 당신의 브랜드 가치를 다양한 형태로 전달할 수 있는 포트폴리오 구축에 있다. 이는 리스크 분산의 차원을 넘어, 브랜드의 다양한 측면을 발현시키고 더 많은 고객과 만나는 방법이다.

어제의 김민지처럼, 당신도 이미 가치 있는 브랜드 자산을 보유하고 있을지 모른다. 필요한 것은 그 자산을 확장할 수 있는 다양한 채널을 발견하고, AI의 도움을 받아 체계적으로 개발하는 것이다. 그리고 다양한 네트워크로 확장하면 된다.

오늘의 디지털 발자국 로그:

- 내가 가진 지식과 경험 중 가장 가치 있는 것 3가지 기록하기
- 각각의 가치를 다른 형태로 전달할 수 있는 방법 2가지씩 브레인스토밍하기
- 가장 실행하기 쉬운 수익 채널 하나를 선택하고 첫 단계 계획하기
- 내 분야와 연관된 네트워크 소식 구독 신청하기

"성공적인 브랜드는 단순한 상품이 아닌 다면체와 같다. 빛이 비추는 각도에 따라 다른 측면이 드러나지만, 그 본질은 변하지 않는다."

축하한다!
이제 당신은 AI를 활용하여 브랜드 포트폴리오를 확장하고 다양한 수익 흐름을 구축하고 네트워크 확장하는 방법을 배웠다. 이것은 7D 퍼스널 브랜딩 프로세스의 여섯 번째 단계인 'Diversify'를 성공적으로 완료한 것이다.

브랜드 포트폴리오 확장은 일회성 이벤트가 아닌 전략적이고 체계적인 과정임을 기억하라. 모든 수익 채널이 서로 시너지를 내며 작동할 때 가장 강력한 결과를 얻을 수 있다. 지속 가능한 다각화를 위해서는 핵심 브랜드 가치를 중심으로 단계적으로 확장하고, 각 채널의 성과를 지속적으로 모니터링하며 최적화해야 한다.

다음 장에서는 일곱 번째 단계인 'Dynamize'에 대해 알아보겠다. 이 단계에서는 AI를 활용하여 지속 가능한 브랜드 시스템을 구축하고 장기적인 성장을 이끌어내는 방법을 배우게 될 것이다.

기억하라!
성공적인 퍼스널 브랜드는 단일 제품이나 서비스가 아니라 조화로운 포트폴리오를 통해 가치를 창출한다. 다양한 수익 채널을 개발하고 이들 간의 시너지를 극대화함으로써, 더 안정적이고 확장 가능한 브랜드를 구축할 수 있다. 지금 바로 브랜드 다각화 전략을 실행에 옮겨보자!

"가장 위험한 일은 단 하나의 수익원에 의존하는 것이다."

- 워런 버핏(Warren Buffett, 투자자)

제9장

Dynamize: 지속 가능한 브랜드 시스템 구축

에피소드 9:

"1년 뒤에도 살아남는 브랜드, 10년 뒤에도 성장하는 브랜드"

디지털 콘텐츠 크리에이터 이승민(34세)은 자신의 노트북 화면을 바라보며 깊은 한숨을 내쉬었다. 그는 2년 전 퇴사하고 창업한 자신의 온라인 비즈니스가 최근 급격히 성장 정체기에 접어든 것을 보며 좌절감을 느끼고 있었다.

"처음 1년은 모든 것이 순조로웠어. 구독자는 꾸준히 늘었고, 수익도 매달 10%씩 증가했지. 하지만 최근 6개월간은… 마치 벽에 부딪힌 것 같아."

승민은 자신의 멘토 김태영 교수에게 조언을 구했다. 태영 교수는 브랜드 전략 분야에서 20년 이상의 경력을 가진 전문가였다.

"승민 씨, 당신의 문제는 '확장'과 '지속 가능성'을 혼동하고 있다는 거예요. 지금까지는 '더 많은' 것에 집중했지만, 이제는 '더 오래 지속되는' 것에 집중해야 할 시점입니다."

태영 교수는 계속해서 설명했다.

"성공적인 브랜드는 세 가지 시간대에서 생각해야 합니다. 어제의 성과를 측정하고, 오늘의 가치를 전달하며, 내일의 변화에 적응할 수 있어야 합니다. 이것이 바로 '다이나마이즈(Dynamize)' 단계의 핵심입니다."

교수는 승민에게 AI 기반 브랜드 건강 진단 도구를 소개했고, 이를 통해 그의 브랜드가 단기적 성과에 너무 치중하고 장기적 가치 구축과 적응력이 부족하다는 사실을 발견했다.

3개월 동안 태영 교수의 지도 아래 데이터 기반 브랜드 운영 시스템을 구축한 승민은 놀라운 변화를 경험했다. 단순한 성장 지표 대신 고객 충성도와, 브랜드 가치, 지속 가능성 지표를 모니터링하기 시작했고, 이를 토대로 장기적인 브랜드 로드맵을 수립했다.

1년 후, 승민의 브랜드는 새로운 전성기를 맞이했다. 더 중요한 것은, 그가 이제 매출 증가나 팔로워 수 증가에 일희일비하지 않고, 브랜드의 장기적 건강과 지속 가능성에 집중하게 되었다는 점이다.

"이제 나는 하루하루를 위한 콘텐츠가 아니라, 10년 후에도 가치 있을 자산을 구축하고 있다는 사실을 깨달았습니다. 브랜드는 살아있는 유기체처럼 지속적으로 진화하고 적응해야 하죠."

Dynamize 활성화_7단계(7D)

AI & 데이터 기반 브랜드 성과 측정

브랜드 경제학: 단기 성과와 장기 가치의 균형

데이비드 아커는 "브랜드는 가장 중요한 기업 자산이며, 재무적 가치를 창출하는 엔진"이라고 강조했다. 하지만 많은 개인 브랜더들이 단기적 KPI에만 집중한 나머지, 장기적 브랜드 자산 구축을 소홀히 하는 함정에 빠진다.

브랜드 성과의 3차원 프레임워크:

1. 단기 성과 지표 - 현재의 재무적, 마케팅적 결과
2. 중기 브랜드 자산 지표 - 인지도, 연상, 충성도 발전
3. 장기 지속 가능성 지표 - 변화 적응력, 혁신 능력, 문화적 관련성

이 세 차원을 균형 있게 측정하고 관리하는 브랜드만이 진정한 지속 가능성을 확보할 수 있다.

AI 기반 브랜드 건강 모니터링 시스템

현대 브랜드는 과거 어느 때보다 많은 데이터를 생성한다. 문제는 이 방대한 데이터를 유의미한 통찰로 변환하는 것이다. AI는 이 과

정을 혁신적으로 변화시키고 있다.

AI 브랜드 모니터링 시스템의 4단계:

1. 데이터 통합 단계

- 모든 브랜드 접점의 데이터 수집 및 통합
- 정형/비정형 데이터 처리 시스템 구축
- 실시간 데이터 스트림 설계

2. 분석 및 해석 단계

- AI 기반 패턴 인식 및 추세 분석
- 고객 행동 및 감성 분석
- 경쟁 환경 모니터링 및 벤치마킹

3. 예측 모델링 단계

- 미래 트렌드 및 성과 예측
- 리스크 요인 조기 경고 시스템
- 시나리오 기반 브랜드 시뮬레이션

4. 처방적 통찰 단계

- 자동화된 의사결정 지원 시스템
- 맞춤형 브랜드 전략 제안
- 지속적 학습 및 최적화 루프

브랜드 건강도 다이어리:

매일 기록하고 추적하는 습관이 브랜드의 건강을 유지할 수 있다.

- 대시보드 지표:
  - · 브랜드 검색량 트렌드
  - · 감성 분석 스코어(긍정/부정/중립)
  - · 멘션 빈도 및 영향력

· 웹사이트 트래픽 및 체류 시간
· 고객 추천 지수(NPS)

AI 성과 측정 시스템:

> **# AI 브랜드 성과 측정 프레임워크**
>
> **[측정 주기: 매주/매월/분기별]**
>
> 1. 인지도 지표: 검색 볼륨, 직접 트래픽
> 2. 참여도 지표: 콘텐츠 소비, 상호작용
> 3. 신뢰도 지표: 리뷰, 추천, 재방문
> 4. 전환율 지표: 리드, 판매, 계약
> 5. 충성도 지표: 옹호, 생애 가치

측정할 수 없는 것은 관리할 수 없다. 측정할 수 있지만 측정하지 않는 것은 중요하지 않다는 신호를 보내는 것이다.

브랜드의 자산 가치: 디지털 평판

정우진은 친환경 인테리어 디자이너로 5년간 성공적인 커리어를 쌓아왔다. 인스타그램 팔로워 10만 명, 유튜브 구독자 5만 명을 보유한 그는 자신의 브랜드가 안정적이라고 생각했다.

그러던 어느 날, 한 고객이 정우진의 인테리어 자재가 실제로는 친환경이 아니라는 의혹을 제기하는 글을 올렸다. 사실 확인도 되지 않은 이 글은 24시간 만에 바이럴이 되었고, 정우진의 SNS는 부정적인 댓글로 가득 찼다.

"하루아침에 5년간 쌓아온 평판이 무너지는 것을 경험했어요. 가장 충격적이었던 건, 이 위기를 어떻게 대처해야 할지 전혀 준비가 되어 있지 않았다는 점이었죠."

정우진은 급하게 자재 인증서를 공개하고 투명한 소통을 시작했지만, 이미 퍼진 소문을 잠재우기엔 역부족이었다. 한 달 동안 프로젝트 의뢰가 80% 감소했고, 몇몇 브랜드 협찬도 취소되었다.

이 경험 후, 정우진은 AI 기반 평판 모니터링 시스템을 구축하고 위기 대응 매뉴얼을 준비했다. 6개월 후 비슷한 의혹이 제기되었을 때, 그는 즉각적으로 대응할 수 있었고 위기를 기회로 전환할 수 있었다.

"이제는 디지털 평판이 제 브랜드의 가장 중요한 자산임을 알게 되었어요. 평판을 관리하는 것이 곧 브랜드의 수명을 관리하는 것이라는 걸 깨달았죠."

"강한 브랜드는 단순히 현재의 인기가 아니라, 시간이 지날수록 더 견고해지는 신뢰와 평판에서 비롯된다."라는 데이비드 아커의 조언이 절실했던 경험이었다.

한 줄의 댓글이 기업의 주가를 흔들고, 하나의 영상이 개인의 인생을 바꾸는 시대다. 2023년 한 유명 프랜차이즈의 위생 문제를 지적한 SNS 게시물이 viral하면서 해당 기업의 주가가 이틀 만에 22% 하락했고, 매출은 전년 대비 35% 감소했다. 반면, 진정성 있는 사과와 즉각적인 개선 조치로 위기를 기회로 전환한 사례도 있다.

통계에 따르면, 기업 가치의 평균 63%는 유형 자산이 아닌 브랜드와 평판에서 비롯된다. 디지털 시대에는 이 수치가 더 높아지고 있다.

당신의 디지털 평판이 자산인 이유:

- 한 번 형성된 디지털 발자국은 영구적으로 남는다.
- 평판은 시간에 따라 복리로 증가한다.
- 위기 상황에서 평판은 최후의 보루가 된다.

데이비드 W.의 사례:

데이비드는 10년간 디지털 마케팅 전문가로 활동해 왔다. 그의 블로그와 SNS에는 200여 개의 전문 콘텐츠가 누적되어 있고, 이는 그의 브랜드 자산이 되었다. 경쟁사가 비슷한 서비스를 더 저렴하게 제공했지만, 클라이언트들은 데이비드의 전문성과 평판을 믿고

그를 선택했다.

디지털 평판: 브랜드의 지속 가능성을 결정하는 자산

디지털 평판의 특성:

1. 영속성(Permanence)
   - 한번 게시된 정보는 완전한 삭제가 거의 불가능
   - 검색 엔진의 캐시, 웹 아카이브 등에 기록이 남음
2. 확산성(Virality)
   - 정보가 기하급수적으로 전파
   - 24시간 내 전 세계적 확산 가능
3. 실시간성(Real - time)
   - 즉각적인 피드백과 평가
   - 실시간 모니터링의 중요성
4. 측정 가능성(Measurability)
   - 데이터 기반 평판 분석 가능
   - AI를 통한 감성 분석과 영향력 측정

성공적인 디지털 평판 관리 사례

사례 1: 테슬라 일론 머스크

- 트위터(현 X)를 통한 직접 소통
- 위기 상황에서의 즉각적 대응
- 개성 있는 커뮤니케이션 스타일

사례 2: 마이크로소프트 사티아 나델라

- 기술 리더십과 인문학적 통찰 결합
- LinkedIn을 통한 전문성 있는 콘텐츠 공유
- 포용적 리더십 이미지 구축

AI 활용 평판 모니터링 시스템:

개인 브랜드 디지털 평판 모니터링 프롬프트

개인 브랜드 [ ]의 디지털 평판 모니터링을 해주세요. 다음 내용을 포함해서 진행해 주세요.

[검색어]
- 이름 + 회사명
- 이름 + 전문 분야
- 이름 + 최근 활동

[모니터링 범위]
- 뉴스 기사
- 소셜미디어 언급
- 블로그/커뮤니티 게시글
- 이미지/동영상 콘텐츠

[분석 요청 사항]
1. 감성 분석(긍정/부정/중립)
2. 주요 연관 키워드
3. 영향력 있는 계정의 언급
4. 잠재적 위험 요소
5. 개선 기회 영역

조연심 분석 사례_ChatGPT 버전

조연심 디지털 평판 모니터링 보고서

분석 기간: 2025년 2월 25일~3월 3일

보고 일자: 2025년 3월 3일

1. 핵심 발견사항 요약

✔ 긍정적 평판 유지: 퍼스널 브랜딩 분야에서의 전문성과 지속적인 프로젝트 진행으로 긍정적 인지도 강화

✔ 주요 활동:

- Project Persona X AI 기반 프로젝트
- 하루하나브랜딩 100일 하브챌린지 등 교육 프로그램 활발 운영

✔ 플랫폼 집중: 네이버TV·오디오클립 등 특정 채널에 콘텐츠 노출 집중

✔ 해외 진출 가능성: 일본 번역 프로젝트 사례 활용하여 글로벌 접근 기회 포착

2. 감성 분석 결과

구분	비율	주요 사례
긍정	85%	"퍼스널 브랜딩의 선구자", "실용적 교육 프로그램"
중립	12%	프로젝트 소개·일정 공지 등 정보성 콘텐츠
부정	3%	명시적 부정적 언급 없음(단, 플랫폼 의존성 간접적 지적)

분석 요약:

• 긍정적 언급이 압도적으로 많으며, 특히 강연·교육 프로그

램에 대한 호평이 주요 요소. 그러나 특정 플랫폼 의존성에 대한 간접적 우려가 일부 존재.

3. 주요 영향력 있는 언급

- 매체 & 플랫폼
- 네이버TV '당신브랜드연구소' - "퍼스널 브랜딩의 미래, AI와 함께 성장하다"
- 오디오클립 채널 - "조연심 대표의 퍼스널 브랜딩 강연, CEO 필수 교육"

주요 계정 & 기관

- 클래스101~퍼스널 브랜딩 강의 홍보 콘텐츠 다수
- 오마이스쿨 - 퍼스널 브랜딩 및 AI 브랜딩 관련 강의 소개
- 출판계(브런치, 네이버 포스트) - "퍼스널 브랜딩 도서, 새로운 트렌드 제시"

특징 요약:

- 교육 플랫폼 및 출판계를 중심으로 조연심 대표의 전문성이 강조되고 있음.

4. 잠재적 위험 요소

플랫폼 의존성

- 네이버TV·오디오클립 등 특정 채널에 콘텐츠 노출이 집중됨 → 콘텐츠 확산 채널 다변화 필요
- 유튜브, 틱톡 등 영상 플랫폼으로 확장 검토

콘텐츠 유형 한계

- 현재 텍스트 중심 콘텐츠 비중이 높음 → 영상·팟캐스트 등의 미디어 확장 필요

- 짧고 직관적인 콘텐츠(숏폼 영상, 인포그래픽) 제작 검토

타깃층 한계

- 현재 활동이 청년·CEO·여성 중심으로 진행됨 → 다양한 연령대와 직업군을 대상으로 확장 가능성 검토

5. 개선 기회 영역

AI 활용 확대

- Project Persona X 기반 생성형 AI 도구를 교육·컨설팅 분야로 확장

글로벌 접근

- 일본 번역 프로젝트 사례 활용 → 해외 진출 전략 수립 (LinkedIn, Quora 활용)

커뮤니티 활성화

- 블로그·포럼에서 실시간 소통 강화 → 브랜드 인지도 향상

데이터 기반 전략

- SEO 전략 수립 → 검색 노출성 강화(퍼스널 브랜딩 관련 핵심 키워드 최적화)

6. 다음 주 중점 모니터링 영역

Project Persona X 관련 언급 증가 추적

- AI 브랜딩 키워드와의 연관성 분석
- 글로벌 플랫폼(레딧·쿼라)에서의 활동 모니터링
- 영상 콘텐츠 확산 여부 및 신규 채널에서의 반응 분석

결론:

조연심 대표의 디지털 평판은 긍정적으로 유지되고 있으며, 강

연 및 AI 퍼스널 브랜딩 프로젝트에 대한 호응이 높음. 다만, 플랫폼 의존성과 콘텐츠 다변화 필요성이 지적되고 있으며, 향후 글로벌 접근 전략 및 미디어 확장을 통한 개선이 기대됨.

조연심 분석 사례_Perplexity 버전

조연심 디지털 평판 모니터링 보고서

분석 기간: 2025년 2월 25일~3월 3일
보고 일자: 2025년 3월 3일

1. 핵심 발견 사항 요약

- 언급량 증가: 분석 기간 중 "조연심" 관련 언급 12% 증가 (주요 키워드: "퍼스널 브랜딩", "AI 브랜드", "7D 프로세스")
- 긍정적 반응: 강연·프로젝트 관련 긍정적 언급 다수 확인 (네이버 블로그, 유튜브 댓글, 페이스북)
- AI 적용 우려: 커뮤니티 일부에서 "AI 퍼스널 브랜딩 접근 난이도"에 대한 우려 제기
- 프로젝트 Persona X: AI 기반 브랜딩 접근법으로 주목받으며 언급 증가

2. 감성 분석 결과

구분	비율	주요 사례
긍정	76%	"7D 프로세스 강연 실용적", "AI 브랜딩 사례 인상적"

구분	비율	주요 사례
중립	20%	프로젝트 소개·일정 공지 등 정보성 콘텐츠
부정	4%	"AI 적용 어려움", "7D 프로세스 개인 적용 사례 부족"

3. 주요 영향력 있는 언급

매체:

· 네이버 뉴스: "퍼스널 브랜딩 전문가 조연심의 강연, 참석자 반응 폭발적"

· 유튜브: '퍼스널 브랜딩 TV' 채널에서 7D 프로세스 AI 사례 소개

계정:

· 페이스북 그룹 퍼스널 브랜드 실전: Project Persona X 성공 사례 공유

· 인스타그램 @branding_korea: "하루 하나 브랜딩 콘텐츠 주목"

4. 위험 요소 및 대응 방안

위험 요소

- AI 접근성 우려: 커뮤니티 일부에서 "일반인 적용 어려움" 지적
- 7D 프로세스 적용 한계: 개인 대상 사례 부족에 대한 피드백

대응 방안

- 실용적 사례 콘텐츠 강화: "AI 퍼스널 브랜딩 쉽게 따라 하기" 영상·블로그 제작

- Q&A 세션 운영: 인스타그램 라이브 또는 유튜브 Q&A로 직접적 궁금증 해결
- 개인 적용 가이드 배포: 7D 프로세스 개인용 가이드북 무료 배포

5. 다음 주 중점 모니터링 영역

- Project Persona X 언급 증가 추적: AI 기반 브랜딩 접근법 관련 언급 확산 여부
- AI 개인 적용 사례 반응 분석: 커뮤니티·SNS에서의 실용성 피드백 모니터링
- 7D 프로세스 콘텐츠 확산: 블로그·SNS에서의 실전 적용 사례 공유 증가 여부
- 해외 플랫폼 활동: LinkedIn·Reddit 등 글로벌 언급 증가 추이

6. 요약 및 전망

조연심 대표의 AI 퍼스널 브랜딩과 7D 프로세스 관련 긍정적 반응이 지속되고 있으나, AI 접근성과 개인 적용 사례 부족에 대한 우려가 존재합니다. 실용적 콘텐츠 강화와 커뮤니티 소통을 통해 평판을 안정화하고, 글로벌 플랫폼에서의 활동 확대가 향후 과제로 부상할 전망입니다.

※ 데이터 출처: 네이버 뉴스, 유튜브, 페이스북, 커뮤니티 게시글

신뢰 회복 프로토콜: 위기관리의 핵심

모든 브랜드는 언젠가 신뢰의 위기를 겪게 된다. 중요한 것은 위기 자체가 아니라, 그 위기에 어떻게 대응하느냐다. 준비된 브랜드는 위기를 신뢰를 강화하는 기회로 전환할 수 있다.

브랜드 신뢰 회복을 위한 5단계 프로토콜:

1. **인정 단계** - 문제를 신속하게 인정하고 책임 수용
2. **공감 단계** - 영향받은 이들의 감정과 우려에 진정한 공감 표현
3. **설명 단계** - 투명하고 정직한 설명 제공(변명 아님)
4. **해결 단계** - 문제 해결과 재발 방지를 위한 구체적 조치 시행
5. 학습 단계 - 위기에서 배우고 더 강한 브랜드로 발전

이 프로토콜을 미리 개발하고 연습하면, 위기 상황에서 감정적 반응이 아닌 원칙에 기반한 대응이 가능하다.

위기 대응 프레임워크: RAPID 시스템

R - Recognize(인지): AI 모니터링 시스템으로 이슈 조기 발견 A - Assess(평가): 위기 수준과 파급력 분석 P - Plan(계획): 대응 시나

리오 및 커뮤니케이션 전략 수립 I - Implement(실행): 진정성 있는 소통과 해결 활동 D - Document & Develop(기록과 발전): 위기를 학습 기회로 전환

위기 대응 저널 템플릿:

> 날짜:
>
> 이슈 내용:
>
> 첫 발견 경로:
>
> 핵심 이해관계자:
>
> 우선 대응 채널:
>
> 커뮤니케이션 메시지:
>
> 취한 조치:
>
> 결과 및 교훈:
>
> 브랜드 신뢰도 & 윤리적 AI 활용법

브랜드 신뢰도 & 윤리적 AI 활용법

신뢰의 시대: 브랜드 신뢰도의 중요성

디지털 시대에서 신뢰는 가장 귀중한 브랜드 자산이다. 74%의 소비자는 신뢰할 수 있는 브랜드에 더 많은 비용을 지불할 의향이 있으며, 82%는 신뢰를 잃은 브랜드를 다시 이용하지 않는다.

브랜드 신뢰도의 5가지 핵심 요소:

1. **일관성**(Consistency) - 약속한 것을 일관되게 전달
2. **투명성**(Transparency) - 정직하고 열린 커뮤니케이션
3. **역량**(Competence) - 전문성과 품질 입증

4. **진정성**(Authenticity) - 진실된 목적과 가치 표현
5. **책임감**(Responsibility) - 더 큰 선을 위한 행동

신뢰는 단기간에 구축할 수 없으며, 브랜드의 모든 접점에서 지속적으로 증명되어야 한다.

"고객이 브랜드를 경험할 때마다,
그것은 약속을 지키거나 깨는 순간입니다."
- 사이먼 메이네이드(브랜드 전략가)

브랜드 신뢰도 측정 시스템:
브랜드 신뢰도 감사

[ ] 고객 피드백 및 리뷰 분석 시스템 구축
[ ] 브랜드 약속 이행 정도 측정
[ ] 고객 기대치와 실제 경험 격차 분석
[ ] 부정적 감정 및 불만족 조기 경고 시스템
[ ] 신뢰 회복 프로토콜 개발

윤리적 AI 활용:
지속 가능한 브랜드의 필수 요소

AI의 영향력이 커지면서, 이를 윤리적으로 활용하는 것이 브랜드의 장기적 명성과 신뢰에 결정적인 영향을 미친다. 윤리적 AI 활용은 법적 의무 준수를 넘어, 브랜드 가치와 사회적 책임의 표현이 되어야 한다.

윤리적 AI 활용을 위한 5가지 원칙:

1. 투명성 - AI 활용 방식과 목적을 고객에게 명확히 공개

2. 공정성 - 편향과 차별 방지를 위한 시스템 설계
3. 데이터 책임 - 개인정보 보호와 책임 있는 데이터 관리
4. 인간 중심 - 기술이 아닌 인간 가치와 필요에 초점
5. 책임감 - AI 시스템의 결정과 영향에 대한 책임 수용

윤리적 AI 활용 체크리스트:

- AI가 생성한 콘텐츠임을 적절히 고지하는가?
- 타인의 지식 재산권을 존중하는가?
- 편향되지 않은 데이터로 AI를 훈련시키는가?
- 개인정보 보호 원칙을 준수하는가?
- AI 의존도와 창의성의 균형을 유지하는가?

사례 연구:

교육 콘텐츠 크리에이터 이혜진은 AI를 활용하여 학습자 데이터를 분석하고 맞춤형 콘텐츠를 제공했다. 그녀는 데이터 활용 방식을 상세히 공개하고, 학습자가 자신의 데이터 사용 방식을 직접 제어할 수 있는 대시보드를 제공했다. 또한 알고리즘이 특정 학습 스타일이나 배경을 가진 학생들을 불이익을 주지 않도록 정기적인 편향 검사를 실시했다. 이러한 윤리적 접근은 그녀의 브랜드에 대한 신뢰를 크게 강화했고, 경쟁이 치열한 시장에서 차별화 요소로 작용했다.

멘토십: 지속 가능한 브랜드 성장의 핵심 동력

김지원은 콘텐츠 크리에이터로 3년간 꾸준히 활동하며 인스타그램 팔로워 8만 명, 유튜브 구독자 3만 명을 보유하게 되었다. 그녀는 자신의 브랜드가 안정적으로 성장하고 있다고 생각했다.

그러나 어느 날, 김지원은 자신의 콘텐츠가 정체되고 있다는 느낌을 받았다. 새로운 아이디어가 잘 떠오르지 않았고, 팔로워 수 증가율도 둔화하였다. 더 큰 문제는 몇몇 젊은 크리에이터들이 비슷한 콘텐츠를 더 참신한 방식으로 제작하면서 빠르게 성장하고 있다는 것이었다.

"3년 동안 열심히 쌓아온 브랜드가 순식간에 뒤처질 수 있다는 위기감이 들었어요. 가장 두려웠던 건, 이 침체기를 어떻게 극복해야 할지 방향을 잃었다는 점이었죠."

김지원은 자신보다 5년 더 경력이 많은 선배 크리에이터에게 조언을 구했다. 선배는 단순한 조언을 넘어 6개월간의 멘토십을 제안했다. 이 멘토십을 통해 김지원은 자신의 브랜드를 객관적으로 분석하고, 콘텐츠의 차별화 포인트를 재정립했으며, 장기적인 브랜드 성장 전략을 수립할 수 있었다.

멘토십 기간 동안 김지원은 자신의 강점을 살린 새로운 콘텐츠 시리즈를 론칭했고, 팔로워들의 뜨거운 반응을 얻었다. 더 놀라운 것은, 6개월 후 그녀 자신이 새로운 크리에이터 3명의 멘토가 되어 자신의 경험과 지식을 나누기 시작했다는 점이다.

"멘토십은 제 브랜드에 새로운 생명력을 불어넣었어요. 더 중요한 건, 멘토로서 활동하면서 제 브랜드가 더 깊은 의미와 가치를 갖게 되었다는 점이에요. 이제 저는 단순한 콘텐츠 크리에이터가 아니라, 지식과 경험을 나누는 커뮤니티 리더로 성장하고 있습니다."

"브랜드는 혼자 만들어 가는 것이 아니라, 서로 도움을 주고받으며 함께 성장하는 생태계임을 깨달았어요. 멘토십은 그 생태계를 건강하게 유지하는 핵심 동력이죠."

"멘토십은 브랜드의 수명을 연장하는 가장 효과적인 방법이다. 당신의 가치가 다른 사람을 통해 살아갈 때, 그것은 영원해진다."

- 리처드 브랜슨

브랜드의 지속 가능성

한 사람의 노력과 역량만으로는 브랜드의 지속적인 성장에 한계가 있다. 2024년 딜로이트의 연구에 따르면, 5년 이상 지속적으로 성장하는 개인 브랜드의 83%는 멘토 - 멘티 관계를 통한 지식 교류와 네트워크 확장을 주요 성공 요인으로 꼽았다.

통계에 따르면, 멘토십을 실천하는 브랜드는 그렇지 않은 브랜드에 비해:

- 혁신 지속성이 42% 높음

- 위기 상황에서의 회복력이 58% 강함
- 브랜드 수명이 평균 2.7배 길어짐
- 커뮤니티 확장 속도가 3.1배 빠름

사례 연구:
석진우는 7년간 파이낸셜 인플루언서로 활동해 왔다. 그는 매년 후배 인플루언서 2~3명을 멘토링하는 프로그램을 운영했다. 이 멘토십을 통해 성장한 12명의 멘티들은 모두 석진우의 브랜드 철학을 공유하는 네트워크를 형성했고, 이들은 자연스럽게 석진우의 브랜드 옹호자가 되었다. 금융 시장이 불안정해져 많은 인플루언서들이 신뢰를 잃었을 때도, 석진우는 이 멘토-멘티 네트워크를 통해 오히려 더 큰 신뢰와 영향력을 구축할 수 있었다.

"지속 가능한 브랜드는 혼자 빛나는 별이 아니라,
다른 별들을 밝게 만드는 태양이다.
멘토십은 그 빛을 전달하는 과정이다."
- 오프라 윈프리

브랜드 지속 가능성을 위한 멘토십의 가치

1. 브랜드 DNA의 진화와 보존

브랜드의 핵심 가치와 철학(DNA)은 시간이 지나면서 진화하되, 본질은 유지되어야 한다. 멘토십은 이 미묘한 균형을 유지하는 최적의 방법이다.

- 멘토는 브랜드의 본질적 가치를 멘티에게 전수
- 멘티는 새로운 시각과 아이디어로 브랜드에 생기를 불어넣음
- 이 상호작용을 통해 브랜드는 시대에 맞게 진화하면서도 정체성

을 유지

2. 지식 생태계 구축

지속 가능한 브랜드는 단일 지식 원천이 아닌, 다양한 관점과 전문성이 교류하는 생태계를 필요로 한다.

- 멘토-멘티 관계를 통한 암묵지(tacit knowledge) 교류
- 다양한 배경과 경험을 가진 멘티들을 통한 시각 확장
- 지식과 통찰의 선순환 구조 형성

3. 영향력의 확장과 깊이화

진정한 브랜드 영향력은 넓이와 깊이 모두를 필요로 한다.

- 멘토십을 통한 영향력의 다층적 확산
- 단순 노출이 아닌, 의미 있는 변화를 만드는 깊은 영향력
- 멘티의 성장을 통한 브랜드 가치의 실질적 검증

4. 회복탄력성(Resilience) 강화

위기 상황에서 브랜드를 지켜주는 것은 팔로워의 수가 아니라, 깊은 신뢰와 지지 네트워크다.

- 멘토-멘티 네트워크를 통한 위기 시 지원 시스템 구축
- 다양한 관점을 통한 위기 대응 전략 다각화
- 브랜드를 향한 진정한 옹호자 확보

성공적인 멘토십 브랜드 구축 사례

사례 1: 게리 바이너척의 멘토십 생태계

- 4Ds 프로그램을 통한 체계적 멘토십 제공
- 멘티들의 성공 사례를 콘텐츠화하여 브랜드 강화

- 멘티 커뮤니티가 브랜드의 핵심 자산이 됨

사례 2: 앤 해서웨이의 세대 간 멘토십

- 메릴 스트립에게 받은 멘토십의 가치를 강조
- 젊은 배우들을 위한 멘토 역할 적극 수행
- 세대를 연결하는 다리로서의 브랜드 포지셔닝

사례 3: 래리 페이지와 세르게이 브린의 구글 문화

- 에릭 슈미트를 멘토로 영입하여 기업 성장의 기반 마련
- '20% 시간'을 통한 조직 내 멘토십과 혁신 문화 구축
- 멘토십이 기업 DNA의 핵심이 되어 지속 가능한 혁신 창출

"진정한 브랜드 자산은
당신이 얼마나 많은 팔로워를 가졌는가가 아니라,
당신으로 인해 얼마나 많은 사람이 성장했는가에 있다."
- 세스 고딘

프롬프트:

"

AI 활용 멘토십 기반 브랜드 성장 전략을 AI가 분석해 줘.

"

내 브랜드명: [브랜드명]

현재 활동 채널: [SNS, 블로그, 유튜브 등]

주요 콘텐츠 유형: [전문 지식, 인사이트, 교육 등]

목표 고객층: [구체적 타깃]

현재까지의 성과: [주요 지표]

브랜드 비전: [3~5년 후 목표]

분석 요청 사항:

1. 현재 브랜드 평판 현황 진단
2. 지속 가능한 성장을 위한 콘텐츠 전략
3. 위기 대응 역량 강화 방안
4. 브랜드 차별화 유지 전략
5. 장기적 브랜드 가치 증대 로드맵

브랜드 운영의 지속 가능성 평가 실행 가이드: 브랜드 다이나마이즈 워크시트

STEP 1: 현재 브랜드 평판 진단

- 구글에서 내 이름/브랜드명 검색 결과 첫 페이지 분석
- 최근 6개월간 받은 피드백과 리뷰 수집
- 주요 채널별 참여도 및 반응 분석

STEP 2: AI 기반 평판 모니터링 시스템 설계

- 적합한 AI 모니터링 도구 선정
- 알림 기준 및 대응 프로세스 설정
- 주간/월간 분석 템플릿 구축

STEP 3: 장기적 브랜드 성장 로드맵 작성

- 1년/3년/5년 브랜드 목표 설정
- 평판 자산 구축을 위한 콘텐츠 전략
- 위기관리 프로토콜 구축

STEP 4: 브랜드 건강도 측정 시스템 구현

- 핵심 성과 지표(KPI) 설정
- 데이터 수집 및 분석 자동화
- 정기적 브랜드 건강 검진 일정 수립

체크리스트:

브랜드 운영의 지속 가능성 평가

브랜드의 장기적 지속 가능성을 점검하기 위한 종합 체크리스트다:

[ ] 측정 시스템: 단기/중기/장기 성과를 균형 있게 측정하는 시스템이 있는가?

[ ] 데이터 활용: 감정과 데이터를 균형 있게 활용한 의사결정을 하는가?

[ ] 신뢰 자산: 고객 신뢰를 체계적으로 구축하고 측정하는가?

[ ] 윤리적 AI: AI와 데이터를 윤리적으로 활용하는 명확한 원칙이 있는가?

[ ] 위기 대비: 신뢰 위기를 관리하기 위한 프로토콜이 준비되어 있는가?

[ ] 적응 구조: 핵심을 유지하면서 변화에 적응할 수 있는 구조가 있는가?

[ ] 목적 명확성: 시간을 초월한 브랜드 목적이 명확히 정의되어 있는가?

[ ] 커뮤니티 기반: 강력한 브랜드 커뮤니티를 구축하고 육성하고 있

는가?

[ ] 진화 로드맵: 장기적 브랜드 진화를 위한 계획이 수립되어 있는가?

[ ] 학습 시스템: 지속적인 학습과 적응을 위한 시스템이 작동하고 있는가?

변화는 유일한 상수다.

오늘 완벽한 브랜드 전략도 내일은 구식이 될 수 있다. 지속 가능한 브랜드는 변화를 두려워하지 않고, 오히려 이를 수용하고 활용하는 능력을 갖춰야 한다.

브랜드는 정적인 로고나 슬로건이 아니라, 시간에 따라 성장하고 발전하는 살아있는 유기체다. AI 시대의 브랜드는 그 어느 때보다 역동적이고 적응력이 뛰어나야 한다. 'Dynamize' 단계는 단순히 브랜드를 유지하는 것이 아니라, 끊임없이 관련성을 유지하며 가치를 창출하는 시스템을 구축하는 것이다.

"브랜드는 사람들이 당신이 없을 때 당신에 대해 하는 말이다."라고 아마존 회장 제프 베조스는 말한다. 디지털 시대에서 당신의 평판은 당신이 적극적으로 관리하지 않으면 타인에 의해 형성된다. AI 시대에는 이 평판 관리가 더 체계적이고 과학적으로 이루어질 수 있다. 당신의 브랜드가 10년 후에도 빛나기 위해서는 오늘부터 디지털 평판을 자산으로 관리하는 시스템을 구축해야 한다.

지금까지 당신은 브랜드를 발견하고(Discover), 정의하고(Define), 디지털화하고(Digitalize), 개발하고(Develop), 차별화하고(Differentiate), 다각화했다(Diversify). 이제 마지막 단계는 이 모든 요소를 통합하여 시간이 지나도 번영할 수 있는 역동적인 브랜드 시스템을 구축하는 것이다.

성공적인 브랜드는 단순히 트렌드를 따르는 것이 아니라, 핵심 가치를 유지하면서도 시대의 변화에 맞춰 자신을 재발명할 수 있는 용기와 지혜를 가진 브랜드이다.

오늘의 디지털 발자국 로그:

- 브랜드의 불변하는 핵심 가치 3가지를 명확히 정의하기
- 향후 1년, 3년, 10년의 브랜드 비전을 각각 한 문장으로 작성하기
- 브랜드 건강 측정을 위한 단기, 중기, 장기 지표 3가지씩 선정하기
- 브랜드 신뢰를 구축/유지하기 위한 3가지 구체적 실천 사항 기록하기
- 내일부터 바로 실행할 수 있는 '브랜드 다이나마이즈' 행동 계획 수립하기

영원히 살아남는 브랜드는 절대 완성되지 않는다. 그것은 항상 진행 중인 여정이며, 각 단계는 다음 단계를 위한 기반이 된다. 오늘의 선택이 내일의 브랜드를 만들고, 10년 후의 유산을 결정한다. 지금 바로 미래를 위한 브랜드 시스템을 구축해야 한다.

"강력한 브랜드를 구축하는 것은 스프린트가 아니라 마라톤이다.
지속적인 가치와 관련성을 유지하는 브랜드만이
시간의 시험을 견뎌낸다."

\- 데이비드 아커

제10장

AI 퍼스널 브랜딩 실전 가이드

에피소드 10:

"지금 당장 실행하지 않으면, AI는 당신을 대체할 것이다."

여름의 끝자락, 김민호(38세)는 모니터 화면에 비친 자신의 얼굴을 바라보며 깊은 고민에 빠져 있었다. 그는 10년간 대기업 마케팅 부서에서 일하다 1년 전 자신의 컨설팅 회사를 창업했지만, 기대했던 성과는 나오지 않고 있었다.

"다른 컨설턴트들과 뭐가 다르지? 내 경험과 지식은 충분한데… 왜 클라이언트들은 내게 오지 않는 걸까?"

그날 저녁, 민호는 대학 동창인 이수진과 저녁 식사를 했다. 수진은 2년 전 비슷한 상황에서 시작했지만, 지금은 업계에서 가장 주목받는 마케팅 전략가 중 한 명이 되어 있었다.

"민호야, 너의 문제는 단순해. 너는 아직도 과거의 방식으로 브랜딩을 하고 있어. AI 시대에는 전통적인 퍼스널 브랜딩으로는 충분하지 않아. 이제는 AI 퍼스널 브랜딩 2.0이 필요한 시대야."

수진은 자신이 어떻게 AI 도구들을 활용해 퍼스널 브랜딩 전략을 완전히 재구성했는지 설명했다. 그녀는 AI를 통해 자신의 독특한 관점을 발견하고, 타깃 고객의 니즈를 정확히 파악하며, 콘텐츠 생산을 자동화하고, 데이터 기반으로 브랜드를 지속적으로 최적화했다.

“그냥 AI를 도구로 사용하는 게 아니야. AI와 함께 공진화하는 브랜드를 만드는 거지. 내 브랜드가 AI와 함께 자라고, 학습하고, 발전하도록 설계했어.”

민호는 다음 날 아침 일찍 일어나 수진의 조언을 따라 AI 퍼스널 브랜딩 여정을 시작했다. 그는 7D 프레임워크를 따라 체계적으로 접근했다. ChatGPT와 함께 자신의 강점을 재발견하고, AI 이미지 생성기로 브랜드 비주얼을 개선했으며, AI 분석 도구로 타깃 시장을 세분화했다.

3개월 후, 민호의 브랜드는 완전히 달라졌다. 그는 이제 “AI 시대의 마케팅 전략 번역가”라는 독특한 포지셔닝을 갖게 되었고, 주 3회 일정으로 AI가 최적화한 콘텐츠를 발행했다. 더 중요한 것은, 그의 메시지가 이제 정확히 타깃 고객의 공통점을 짚어내면서도 그의 고유한 관점과 경험을 담아내고 있다는 점이었다.

6개월 후, 민호의 컨설팅 의뢰는 3배로 증가했고, 그는 대기자 명단을 만들어야 했다.

“이제 나는 AI가 대체할 수 없는 브랜드를 구축했어요. AI를 두려워하는 대신, AI를 활용해 내 고유한 가치를 증폭시키는 방법을 배웠죠. 가장 큰 깨달음은, AI 시대의 브랜딩은 지연할 수 없는 긴급한 과제라는 것입니다. 지금 시작하지 않으면, 영원히 뒤처질 수 있어요.”

AI 브랜딩 성공 사례 분석

전환점을 찾은 전문가들: AI 퍼스널 브랜딩 성공 사례

AI 퍼스널 브랜딩은 이론이 아닌 실제 결과를 만들어내는 접근법이다. 다양한 분야의 전문가들이 어떻게 AI를 활용하여 브랜드 전환점을 찾았는지 살펴보자.

사례 1: 법률 전문가의 틈새시장 발견

변호사 정지원(45세)은 20년간 일반 기업법 분야에서 경력을 쌓았지만, 치열한 경쟁 속에서 눈에 띄지 못했다. 그녀는 AI 퍼스널 브랜딩 접근법을 도입하여 다음과 같은 변화를 이뤄냈다:

- 강점 재발견: ChatGPT를 활용한 자기 분석을 통해 그녀의 독특한 경험(기술 스타트업 창업 경험과 법률 지식의 결합)을 발견
- 틈새시장 파악: AI 시장 분석 도구로 '기술 스타트업을 위한 법률 서비스'라는 성장하는 틈새시장 식별
- 콘텐츠 시스템 구축: 주 2회 AI 지원 뉴스레터와 팟캐스트를 통해 기술 창업가들을 위한 법률 가이드 제공
- 브랜드 모니터링: AI 감성 분석으로 타깃 청중의 반응을 추적하

고 메시지 지속 조정

결과:

6개월 만에 정지원은 '테크 스타트업 법률 전문가'로 포지셔닝되었고, 클라이언트 문의가 5배 증가했으며, 업계 컨퍼런스의 단골 연사가 되었다.

핵심 교훈:

AI는 당신의 경험 속에 숨겨진 독특한 가치를 발견하고 틈새시장과 연결하는 데 강력한 도구다.

사례 2: 콘텐츠 크리에이터의 확장 전략

유튜버 김태호(32세)는 3년간 재테크 콘텐츠를 제작했지만 구독자 성장이 정체되어 있었다. AI 퍼스널 브랜딩을 통해 그는:

- 차별화 요소 발견: AI 경쟁 분석을 통해 '밀레니얼 세대를 위한 심리학 기반 재테크 접근법'이라는 틈새를 발견
- 콘텐츠 최적화: AI 분석으로 최적의 콘텐츠 길이, 구조, 키워드를 파악하여 검색 노출 300% 증가
- 다중 채널 전략: AI 콘텐츠 리퍼포징 도구로 하나의 아이디어를 유튜브, 블로그, 소셜 미디어용으로 각각 최적화
- 개인화 확장: AI 챗봇을 활용해 구독자들에게 맞춤형 재테크 조언 제공

결과:

1년 만에 구독자 수가 3만에서 25만으로 증가했고, 온라인 코스 매출이 10배 증가했으며, 주요 금융 앱과 파트너십을 체결했다.

핵심 교훈:

AI는 콘텐츠 최적화와 확장성을 동시에 제공하여, 개인 브랜드의 도달 범위를 극대화한다.

사례 3: 프리랜서의 프리미엄 포지셔닝

그래픽 디자이너 이미라(29세)는 글로벌 플랫폼에서 수백 명의 경쟁자들과 가격 경쟁을 벌이며 어려움을 겪고 있었다. AI 퍼스널 브랜딩을 통해:

- 브랜드 재정의: AI 기반 포트폴리오 분석으로 그녀의 독특한 미니멀리즘 접근법 발견
- 타깃 재설정: 일반 고객에서 '명확성과 단순함을 추구하는 럭셔리 브랜드'로 타깃 전환
- 가치 증명: AI로 생성된 심층 사례 연구를 통해 디자인의 비즈니스 임팩트 입증
- 자동화 시스템: 고객 온보딩, 프로젝트 관리, 후속 조치를 AI로 자동화하여 프리미엄 경험 제공

결과:

이미라는 프로젝트당 평균 수임료를 3배 인상할 수 있었고, 장기 계약 고객 비율이 20%에서 70%로 증가했으며, 업계 간행물에 정기적으로 기고하는 전문가로 인정받게 되었다.

핵심 교훈:

AI는 프리랜서가 가격 경쟁에서 벗어나 가치 기반 포지셔닝으로 전환하는 데 필수적인 도구다.

변혁적 브랜딩: AI 시대의 브랜드 혁신 패턴

성공적인 AI 퍼스널 브랜딩 사례들을 분석한 결과, 일관된 패턴과 원칙들이 보인다. 이 통찰을 자신의 브랜딩 전략에 적용할 수 있다.

AI 브랜드 혁신의 4가지 핵심 패턴:

1. 초개인화와 확장성의 균형

- 전통적 브랜딩: 개인화 vs. 규모 사이의 트레이드오프
- AI 브랜딩: 개인화된 경험을 대규모로 제공
- 실행 전략: AI 기반 타깃팅으로 개인화된 메시지를 규모 있게 전달

2. 지속적 적응과 일관성의 조화

- 전통적 브랜딩: 일관된 메시지 유지 vs. 트렌드 적응
- AI 브랜딩: 핵심 가치는 유지하면서 표현을 지속적으로 최적화
- 실행 전략: AI로 시장 반응을 분석하여 실시간으로 메시지 조정

3. 인간적 요소와 기술의 시너지

- 전통적 브랜딩: 인간 접촉 vs. 기술 효율성

- AI 브랜딩: 기술로 반복 작업을 자동화하고 인간은 창의성과 연결에 집중
- 실행 전략: AI로 콘텐츠 초안과 분석을 생성하고 인간이 개성과 통찰을 더함

4. 데이터 기반 직관의 활용

- 전통적 브랜딩: 직관 vs. 데이터 분석
- AI 브랜딩: 데이터로 검증된 직관적 통찰
- 실행 전략: AI로 대량의 데이터를 분석하여 직관적 의사결정을 지원

7D 프로세스 기반 브랜드 혁신 매트릭스:

브랜딩 차원	전통적 접근	AI 강화 접근	전환 전략
발견(Discover)	직관적 자기 평가	데이터 기반 강점 분석	AI로 고객 피드백 패턴 파악
정의(Define & Design)	정적 브랜드 아이덴티티	적응형 브랜드 시스템	핵심은 유지, 표현은 최적화
디지털화(Digitalize)	플랫폼별 수동 관리	통합된 디지털 생태계	AI로 크로스 플랫폼 일관성 유지
개발(Develop)	일회성 콘텐츠 제작	자동화된 콘텐츠 파이프라인	템플릿과 AI 생성 시스템 구축
차별화(Differentiate)	주관적 포지셔닝	데이터 기반 틈새시장 발견	AI로 경쟁 환경과 기회 분석
다각화(Diversify)	직관적 제품 확장	최적화된 수익 포트폴리오	AI로 고객 니즈와 수익성 분석
활성화(Dynamize)	반응적 브랜드 관리	예측적 브랜드 진화	AI로 트렌드 예측 및 선제 대응

이 매트릭스를 통해 각 7D 프로세스 퍼스널 브랜딩 차원에서 AI를 어떻게 활용하여 전통적 접근법을 혁신할 수 있는지 파악할 수 있을 것이다.

실행 가능한 액션 플랜

90일 AI 브랜딩 전환 계획: 단계별 실행 가이드

AI 퍼스널 브랜딩으로의 전환은 하루아침에 이루어지지 않는다. 체계적인 접근법이 필요하다. 다음은 90일 동안 단계적으로 실행할 수 있는 계획이다.

첫 30일: 기반 구축 단계

1~30일 액션 플랜:

- [ ] 1주차: AI 브랜드 진단
  - [ ] ChatGPT로 현재 브랜드 자산 분석
  - [ ] 키워드 및 콘텐츠 감사 실시
  - [ ] 경쟁사 포지셔닝 맵 작성
- [ ] 2주차: 브랜드 정체성 재정의
  - [ ] AI 지원 강점 발견 세션 진행
  - [ ] 새로운 브랜드 내러티브 초안 작성
  - [ ] 브랜드 디자인 요소 업데이트 계획
- [ ] 3주차: 디지털 생태계 설계

[ ] 플랫폼별 전략 개발

[ ] 콘텐츠 달력 및 시스템 구축

[ ] 핵심 AI 도구 설정 및 통합

[ ] 4주차: 첫 번째 실행 주기

[ ] 새 브랜드 메시지로 시험 콘텐츠 발행

[ ] 초기 피드백 수집 및 분석

[ ] 첫 번째 최적화 및 조정

중간 30일: 확장 및 최적화 단계

31~60일 액션 플랜:

[ ] 5주차: 콘텐츠 확장

[ ] AI 기반 콘텐츠 생성 파이프라인 확립

[ ] 크로스 플랫폼 콘텐츠 리퍼포징 시작

[ ] 콘텐츠 성과 측정 시스템 구축

[ ] 6주차: 커뮤니티 구축

[ ] 타깃 청중과의 참여 전략 구현

[ ] AI 기반 커뮤니티 관리 시스템 설정

[ ] 자동화된 참여 촉진 프로그램 개발

[ ] 7~8주차: 수익 모델 통합

[ ] 첫 번째 AI 최적화 제품/서비스 출시

[ ] 자동화된 가치 전달 시스템 구축

[ ] 고객 여정 및 경험 최적화

마지막 30일: 시스템화 및 확장 단계

61~90일 액션 플랜:

[ ] 9주차: 데이터 기반 최적화

[ ] 종합적인 브랜드 성과 검토

[ ] AI 기반 A/B 테스트 실행

  [ ] 주요 메시지 및 제안 최적화
[ ] 10주차: 확장 전략 개발
  [ ] 새로운 시장 기회 분석
  [ ] 파트너십 및 협업 전략 수립
  [ ] 스케일업을 위한 자동화 심화
[ ] 11~12주차: 지속 가능한 시스템 확립
  [ ] 브랜드 운영 매뉴얼 작성
  [ ] 90일 성과 검토 및 다음 90일 계획 수립
  [ ] 장기 브랜드 진화 로드맵 개발

이 90일 계획을 통해 브랜드 기반부터 체계적으로 전환하고, 단계적으로 AI의 도움을 받아 브랜드 역량을 확장할 수 있다.

도구 및 리소스: AI 브랜딩 툴킷 구축

효과적인 AI 퍼스널 브랜딩을 위해서는 적절한 도구와 리소스가 필요하다. 다음은 목적별로 분류된 필수 AI 도구 모음이다.

브랜드 전략 및 발견 도구:

- ChatGPT/Claude - 브랜드 전략 개발, 강점 분석, 포지셔닝 탐색
- Otter.ai - 인터뷰 및 대화 자동 기록으로 인사이트 캡처
- Semrush/Ahrefs - 키워드 및 경쟁사 분석
- SparkToro - 타깃 청중의 관심사 및 행동 패턴 발견

콘텐츠 생성 및 최적화 도구:

- Jasper/Copy.ai - 상황별 최적화된 콘텐츠 초안 작성
- Grammarly/ProWritingAid - 콘텐츠 품질 및 일관성 최적화
- Midjourney/DALL-E - 브랜드 이미지 및 시각 자료 생성
- Descript - AI 기반 오디오/비디오 편집 및 생성

- Canva(AI 기능) - 브랜드 디자인 자산 제작 및 관리

배포 및 자동화 도구:

- Buffer/Hootsuite - AI 일정 최적화로 소셜 미디어 관리
- Zapier/Make - 브랜드 워크플로우 자동화
- ConvertKit/ActiveCampaign - AI 기반 이메일 마케팅 자동화
- Notion/Coda - AI 통합 브랜드 관리 시스템

분석 및 최적화 도구:

- Google Analytics 4~행동 데이터 분석
- Hotjar - 사용자 행동 및 경험 분석
- Brand24/Mention - 브랜드 모니터링 및 감성 분석
- Obviously AI - 브랜드 성과 예측 모델링

브랜드 자산 관리 도구:

- Brandfetch - 브랜드 자산 중앙 관리
- Frontify - 브랜드 가이드라인 및 자산 시스템화
- Airtable - 브랜드 자산 및 콘텐츠 데이터베이스 관리

도구 통합 전략:

1. 필요한 기능을 명확히 파악한 후 도구 선택
2. 데이터가 도구 간에 원활하게 흐를 수 있도록 통합
3. 자동화 가능한 워크플로우 식별 및 구현
4. 정기적으로 도구 활용 상황을 검토하고 최적화

투자 우선순위 가이드:

초기에는 모든 도구에 투자할 필요는 없다. 다음 순서로 도구를 도입하는 것이 효과적이다:

1. 전략 개발 도구(ChatGPT/Claude)

2. 콘텐츠 최적화 도구(Grammarly)
3. 분석 도구(Google Analytics)
4. 자동화 도구(Zapier)
5. 고급 생성 도구(Midjourney, Jasper)

습관 및 시스템: 지속 가능한 브랜드 구축

AI 퍼스널 브랜딩은 일회성 프로젝트가 아닌 지속적인 실천이 필요하다. 장기적 성공을 위한 핵심 습관과 시스템을 구축해야 한다.

일일 브랜드 관리 루틴:

일일 브랜드 관리 체크리스트:

[ ] 아침(15~30분)
  [ ] 브랜드 모니터링 대시보드 검토
  [ ] 주요 참여/댓글에 응답
  [ ] 오늘의 브랜딩 활동 우선순위 설정
[ ] 오후(30 - 60분)
  [ ] 계획된 콘텐츠 생성/큐레이션/최적화
  [ ] 커뮤니티 상호작용 및 관계 구축
  [ ] 브랜드 자산 업데이트 또는 개선
[ ] 저녁(15분)
  [ ] 일일 성과 및 인사이트 기록
  [ ] 내일의 브랜딩 활동 계획
  [ ] 필요한 개선사항 메모

주간 브랜드 발전 시스템:

주간 브랜드 발전 일정:

[ ] 월요일: 전략 및 계획

[ ] 주간 콘텐츠 테마 및 메시지 확정

[ ] 성과 데이터 검토 및 주간 목표 설정

[ ] AI 도구 프롬프트 및 템플릿 업데이트

[ ] 수요일: 생성 및 최적화

[ ] 핵심 콘텐츠 배치 및 성과 확인

[ ] 참여율 기반 콘텐츠 조정

[ ] 새로운 브랜드 자산 개발

[ ] 금요일: 검토 및 학습

[ ] 주간 브랜드 성과 분석

[ ] 인사이트 문서화 및 지식베이스 업데이트

[ ] 다음 주 우선순위 결정

월간 브랜드 혁신 사이클:

월간 브랜드 발전 프로세스:

[ ] 1주차: 리뷰 및 인사이트

[ ] 종합적인 브랜드 지표 분석

[ ] 고객/청중 인사이트 종합

[ ] 경쟁 환경 변화 모니터링

[ ] 2주차: 전략 조정

[ ] 메시지 및 포지셔닝 미세 조정

[ ] 콘텐츠 전략 최적화

[ ] 신규 기회 영역 탐색

[ ] 3주차: 실험 및 테스트

[ ] 새로운 콘텐츠 형식/메시지 시험

[ ] 타깃 세그먼트 확장 실험

[ ] 새로운 AI 도구/기능 테스트

[ ] 4주차: 통합 및 확장

[ ] 성공적인 실험 정규 프로세스에 통합

[ ] 브랜드 시스템 업데이트 및 문서화

[ ] 다음 달 우선순위 및 주제 설정

성공적인 브랜드 습관 형성을 위한 팁:

1. **환경 설계** - 브랜딩 활동을 촉진하는 디지털/물리적 환경 구축
2. **미니멀 시작** - 부담스럽지 않은 작은 활동으로 시작하여 점진적 확장
3. **트리거 연결** - 기존 일상 활동과 브랜딩 습관 연결
4. **즉각적 보상** - 단기적 성취감을 주는 추적 시스템 구축
5. **실패 계획** - 일정이 틀어졌을 때 복귀 전략 미리 수립

7D 퍼스널 브랜딩 프로세스

Discover - Define & Design - Digitalize - Develop - Differentiate - Diversify - Dynamize

지금 바로 시작하는 AI 브랜딩

5분 브랜드 점프스타트: 오늘 당장 실행할 수 있는 액션

AI 퍼스널 브랜딩 여정은 복잡해 보일 수 있지만, 지금 바로 첫걸음을 떼는 것이 가장 중요하다. 다음은 오늘 5분 내로 시작할 수 있는 액션들이다.

지금 바로 할 수 있는 5분 액션:

1. **브랜드 자가 진단 시작**
   - 프롬프트: "내 소셜 미디어와 온라인 존재감의 현재 강점과 약점을 분석해 줘. 나는 [당신의 분야]에서 일하고 있고, 주로 [타깃 청중]과 소통하고 있어."
   - 도구: ChatGPT/Claude
   - 시간: 5분
2. **브랜드 핵심 가치 명확화**
   - 프롬프트: "내가 제공하는 가장 고유한 가치 3가지는 무엇인지 분

석해 줘. 내 배경은 [간략한 경력/전문성]이고, 나는 [타깃 청중]에게 [솔루션/서비스]를 제공하고 있어."
    - 도구: ChatGPT/Claude
    - 시간: 5분

3. **잠재 틈새시장 탐색**
    - 프롬프트: "내 분야인 [산업/영역]에서 현재 충족되지 않은 틈새시장이나 기회를 분석해 줘. 특히 AI 기술의 등장으로 생긴 새로운 니즈나 문제점에 초점을 맞춰줘."
    - 도구: ChatGPT/Claude
    - 시간: 5분

4. **첫 번째 브랜드 콘텐츠 생성**
    - 프롬프트: "내 전문 분야인 [주제]에 대한 짧은 소셜 미디어 게시물 시리즈를 3개 제안해 줘. 게시물은 교육적이면서도 내 고유한 관점을 담아야 해."
    - 도구: ChatGPT/Claude
    - 시간: 5분

5. **간단한 콘텐츠 캘린더 생성**
    - 프롬프트: "다음 2주 동안의 간단한 소셜 미디어 콘텐츠 캘린더를 만들어 줘. 나는 [플랫폼 이름]에 주 3회 게시하고 싶고, 주요 주제는 [핵심 주제 3개]야."
    - 도구: ChatGPT/Claude
    - 시간: 5분

첫 주 브랜드 전환 계획: 7일 퀵 스타트 가이드

첫 5분을 시작했다면, 이제 첫 주 계획을 세워 모멘텀을 유지해 보자:

월요일: 브랜드 기반 설정

- 아침: AI를 활용해 브랜드 미션 선언문 작성(15분)
- 저녁: 경쟁 분석 및 차별화 포인트 발견(30분)

화요일: 디지털 존재감 최적화

- 아침: 주요 소셜 프로필 업데이트(20분)
- 저녁: AI 기반 키워드 연구로 바이오 최적화(20분)

수요일: 콘텐츠 시스템 구축

- 아침: 콘텐츠 템플릿 3개 개발(20분)
- 저녁: 첫 프리미엄 콘텐츠 조각 제작(30분)

목요일: 참여 전략 수립

- 아침: 타깃 커뮤니티 3곳 식별 및 참여 계획(15분)
- 저녁: 고객 여정 맵 초안 작성(30분)

금요일: 측정 시스템 설정

- 아침: 핵심 브랜드 지표 3~5개 결정(15분)
- 저녁: 간단한 브랜드 대시보드 설정(30분)

주말: 검토 및 계획

- 첫 주 활동 결과 검토(15분)
- 다음 주 우선순위 및 실행 계획 수립(30분)

프롬프트:

“

내가 AI 퍼스널 브랜딩을
당장 실행할 수 있도록
로드맵을 만들어줘.

”

“내가 AI 퍼스널 브랜딩을 당장 실행할 수 있도록 로드맵을 만들어줘.” 이 프롬프트를 활용하여 맞춤형 로드맵을 얻으려면, 다음 정보를 함께 제공하세요.:

1. 현재의 브랜드 상태와 존재감
2. 당신의 산업과 전문 분야
3. 주요 타깃 청중과 그들의 니즈
4. 단기 및 장기 브랜드 목표
5. 현재 사용 중인 플랫폼과 리소스
6. 가능한 시간적 투자(주당 몇 시간)

체크리스트:

AI 퍼스널 브랜딩 실행 점검표

자신의 AI 퍼스널 브랜딩 여정을 추적하기 위한 종합 체크리스트다:

[ ] 브랜드 자가 진단 완료

- [ ] 현재 브랜드 강점과 약점 파악
- [ ] 경쟁 환경 분석
- [ ] 차별화 기회 식별

[ ] 브랜드 전략 수립

- [ ] 브랜드 목적 및 비전 정의
- [ ] 핵심 타깃 페르소나 개발
- [ ] 브랜드 메시지 및 포지셔닝 수립

[ ] 브랜드 자산 개발

- [ ] 시각적 아이덴티티 요소 최적화
- [ ] 브랜드 스토리 및 핵심 내러티브 작성
- [ ] 핵심 콘텐츠 템플릿 구축

[ ] 디지털 생태계 구축

- [ ] 주요 플랫폼 전략 개발

[ ] 콘텐츠 제작 및 배포 시스템 설정

[ ] 참여 및 커뮤니티 관리 프로세스 수립

[ ] AI 통합 및 최적화

[ ] 핵심 AI 도구 선택 및 설정

[ ] 워크플로우 자동화 구현

[ ] 데이터 수집 및 분석 시스템 구축

[ ] 브랜드 성장 시스템

[ ] 정기적인 브랜드 건강 점검 일정

[ ] 실험 및 학습 사이클 확립

[ ] 지속적인 브랜드 진화 계획

미래로의 첫걸음

"브랜드는 기다리지 않는다. 당신이 자신의 브랜드를 구축하지 않으면, 다른 누군가가 당신을 위해 그것을 정의할 것이다."라고 데이비드 아커는 말했다.

AI 퍼스널 브랜딩은 기술에 관한 것이 아니라 인간성에 관한 것이다. AI는 당신의 고유한 재능, 경험, 통찰을 증폭시키는 도구일 뿐이다. 진정한 AI 퍼스널 브랜딩의 목표는 AI 시대에 더욱 인간적이고 진정성 있는 브랜드를 구축하는 것이다.

이 책에서 우리는 7D 퍼스널 브랜딩 프레임워크를 통해 AI를 활용한 강력한 개인 브랜드 구축 방법을 탐색했다. 당신만의 강점을 발견하고(Discover), 브랜드 아이덴티티를 정의하며(Define), 온라인 존재감을 디지털화하고(Digitalize), 브랜드 스코어와 콘텐츠 시스템을 개발하고(Develop), 경쟁 속에서 포지셔닝을 위해 차별화하며(Differentiate), 수익 모델을 다각화하고(Diversify), 지속 가능한 브랜드 시스템을 구축하는(Dynamize) 여정이었다.

이제 행동할 시간이다. 완벽한 시작은 없다. 오직 시작하지 않는 것만이 확실한 실패다. 지금 바로, 오늘 당장 첫걸음을 내디뎌보라.

오늘의 디지털 발자국 로그:

- 당신이 다음 30일 동안 매일 할 수 있는 한 가지 AI 브랜딩 액션을 정하세요.
- 30일 후 당신의 브랜드가 어떤 모습일지 구체적으로 상상하고 기록하세요.
- AI와 협력하여 오늘 당장 첫 번째 브랜드 콘텐츠를 만들고 공유하세요.

"브랜딩은 더 이상 선택이 아닌 필수가 되었다.
AI 시대에는 더욱 그렇다.
당신이 자신을 정의하지 않으면,
AI가 당신을 대신해 정의할 것이다."

- AI 데이비드 아커

에필로그:

당신의 AI 퍼스널 브랜딩 여정이 이제 시작됩니다

2021년 겨울, 저는 제 브랜드가 정체기에 빠졌다는 것을 깨달았습니다. 10여년 간 퍼스널 브랜딩 분야에서 활동하며 많은 기업가와 전문가들을 도왔지만, 역설적이게도 제 자신의 브랜드는 침체하고 있었습니다. 매일 밤늦게까지 콘텐츠를 만들고, 소셜 미디어를 관리하고, 새로운 프로그램을 개발했지만, 그 노력에 비해 성과는 점점 줄어들고 있었습니다.

그러던 어느 날, 대학원 수업에서 AI 브랜딩을 듣게 되었고, 난생처음 AI 툴을 사용해 보게 되었습니다. 부끄럽게도 저는 "프롬프트가 무엇인지도 몰랐고, 생성 AI는 진짜 퍼스널 브랜딩에는 도움이 안 될 거야"라고 생각했습니다. 교수님은 수업 시간을 통해 ChatGPT를 소개해 주었고, 그날 밤 저는 호기심에 첫 프롬프트를 입력했습니다:

"조연심으로 3행시를 지어줘."

그게 저의 처음이었고, 그 순간이 제 브랜딩 여정의 전환점이었습니다. 이후 6개월 동안 저는 AI와 함께 다양한 콘텐츠를 생성했고, AI 분야 전문가들을 인터뷰한 결과를 토대로 석사 논문을 써서 우수상을 받으며 석사 학위를 취득할 수 있었습니다. 그 결과 이 책의 핵심 내용이 된 생성 AI 기반 7D 퍼스널 브랜딩 프로세스를 완성할 수 있었습니다.

"퍼스널 브랜딩의 미래 트렌드를 분석해 줘."

이 프롬프트 이후 저는 AI와 함께 제 브랜드를 완전히 재구성했고, 그 과정에서 퍼스널 브랜딩의 근본적인 패러다임 전환을 목격했습니다. 콘텐츠 생산 시간은 80% 줄었고, 타깃 고객과의 연결은 3배 깊어졌으며, 수익은 5배 증가했습니다. 이 책은 그 여정에서 발견한 통찰과 시스템을 공유하기 위해 탄생했습니다.

AI 퍼스널 브랜딩 2.0: 7D 프레임워크

지금까지 우리는 AI 퍼스널 브랜딩 2.0의 7D 프레임워크를 함께 살펴보았습니다:

- Discover - AI로 자신만의 고유한 강점과 차별점을 발견하는 방법
- Define & Design - 데이터 기반으로 브랜드 아이덴티티를 정의하는 과정
- Digitalize - 디지털 공간에서 브랜드를 효과적으로 확장하는 전략
- Develop - AI와 함께 콘텐츠 생산 시스템과 브랜드 스코어를 구축하는 접근법
- Differentiate - 경쟁이 치열한 시장에서 독보적인 위치를 확보하는 방법
- Diversify - 브랜드 포트폴리오를 다각화하여 수익을 확장하는 전략
- Dynamize - 지속 가능한 브랜드 성장 시스템을 구축하는 프로세스

이 프레임워크는 단순한 이론이 아닙니다. 이것은 AI 시대에 번영하기 위한 실용적인 로드맵이며, 더 이상 선택이 아닌 필수입니다. 이제, 행동할 시간입니다

이 책을 읽었다면, 이제 지식은 충분합니다. 필요한 것은 행동입니다. 내일로 미루지 마세요. 오늘, 바로 지금 시작하세요.

내일부터 실천할 수 있는 AI 퍼스널 브랜딩 7일 도전

다음 7일 동안 매일 하나의 미션을 완료하며 AI 퍼스널 브랜딩 여정을 시작하세요.:

1일차: 브랜드 발견(Discover)

- AI에게 "내 경력과 경험을 분석하여 가장 독특한 강점 3가지를 찾아줘"라고 요청하세요.
- 그 강점들이 어떻게 차별화된 가치 제안으로 발전할 수 있는지 탐색하세요.

2일차: 브랜드 정의(Define)

- AI와 함께 타깃 고객 페르소나를 생성하고, 그들의 핵심 공통점을 파악하세요.
- 당신의 강점이 이 공통점을 어떻게 해결할 수 있는지 명확한 브랜드 스토리로 정리하세요.

3일차: 디지털화(Digitalize)

- 주요 소셜 미디어 프로필을 새로운 브랜드 메시지로 업데이트하세요.
- AI를 활용해 프로필 최적화를 위한 키워드를 발견하세요.

4일차: 개발(Develop)

- 첫 번째 AI 지원 콘텐츠를 만들고 공유하세요.
- 주간 콘텐츠 캘린더를 설계하고 자동화 가능한 부분을 식별하세요.

5일차: 차별화(Differentiate)

- 경쟁 환경을 분석하고 독보적인 포지셔닝 기회를 발견하세요.

- 당신만의 독특한 관점이 담긴 "플래그십" 콘텐츠를 개발하세요.

6일차: 다각화(Diversify)

- 당신의 전문성을 바탕으로 한 첫 번째 수익 모델을 설계하세요.
- 미니 제품이나 서비스 아이디어를 AI와 함께 브레인스토밍하세요.

7일차: 활성화(Dynamize)

- 브랜드 건강을 측정할 핵심 지표를 설정하세요.
- 다음 90일 동안의 브랜드 성장 로드맵을 만드세요.

이 7일간의 도전을 완료하면, 당신은 이미 대부분의 사람보다 앞서 있을 것입니다. 그리고 이것은 단지 시작일 뿐입니다.

미래는 우리를 기다리고 있습니다.

10년 후의 세상을 상상해 보세요. AI는 우리 생활과 일의 모든 측면에 통합되어 있을 것입니다. 이 미래에서, 두 종류의 전문가가 있을 것입니다:

AI와 함께 진화한 사람들과 그렇지 못한 사람들

AI와 함께 진화한 사람들은 자신의 인간적 강점—창의성, 공감, 비판적 사고, 맥락 이해—을 AI의 강점—데이터 처리, 패턴 인식, 확장성, 최적화—과 결합할 것입니다. 그들의 브랜드는 더 깊고, 더 진정성 있고, 더 임팩트가 클 것입니다.

그 미래에서 당신은 어디에 있고 싶으신가요?

AI 퍼스널 브랜딩 2.0은 단순한 마케팅 전략이 아닙니다. 이것은 AI 시대에 번영하기 위한 필수적인 마인드셋과 스킬셋입니다. 그것은 당신의 고유한 인간적 가치를 증폭시키고, 당신의 메시지가 더 많은 사람들에게 도달하도록 하며, 당신의 임팩트를 확장하는 방법입니다.

함께 성장할 수 있는 기회

이 책을 읽은 당신이 혼자 실천하는 것이 어려울 수도 있습니다. 그래서 저는 이 책을 읽고 실천하는 분들을 위한 커뮤니티 "우리는 AI 브랜드 빌더스"를 만들고 성장 프로젝트 "퍼스널 브랜딩 고도화 포럼 Project Persona X", 일명 PPX를 만들었습니다. 이 공간에서 우리는 함께 배우고, 실험하고, 성장할 것입니다. 최신 AI 도구와 전략을 공유하고, 서로의 브랜드를 강화하고, 집단 지성의 힘을 활용할 것입니다.

▶ 지금 가입하세요.: ai-branders.com/community

또한 분기별로 진행되는 "AI 브랜드 액셀러레이터" 프로그램도 확인해 보세요. 이 집중 코칭 프로그램에서 저는 소수의 선택된 참가자들과 함께 그들의 브랜드를 다음 단계로 끌어올리기 위해 직접 협력합니다.
이제, 당신의 AI 퍼스널 브랜딩 여정을 시작하세요. AI와 인간의 협력에서 진정한 마법이 일어납니다. 이것은 우리의 인간성을 희생하는 것이 아니라, 오히려 우리의 인간성을 증폭시키는 것입니다.
그러니 두려움을 내려놓고, 호기심을 품으세요. 머뭇거림을 내려놓고, 행동하세요. 당신의 AI 퍼스널 브랜딩 여정은 지금 시작됩니다.
함께 배우고, 함께 성장하고, 함께 진화합시다.

AI 퍼스널 브랜딩 멘토 조연심 드림

감으로 하는 브랜딩은 끝났다
AI 퍼스널 브랜드 2.0 혁명

초판1쇄 : 2025년 3월 27일
초판2쇄 : 2025년 4월 4일

—

지은이 : 조연심
펴낸이 : 김채민
펴낸곳 : 힘찬북스
—
주 소 : 서울특별시 마포구 모래내3길 11 상암미르웰한올림오피스텔 214호
전 화 : 02-2227-2554
팩 스 : 02-2227-2555
메 일 : hcbooks17@naver.com
—

ISBN 979-11-90227-56-8 03320 © 2025 by 조연심